아버지 그립고야

『아버지 그립고야』 [개정증보판]

인쇄　2024년 9월 10일
발행　2024년 9월 20일

지은이 | 김현철
발행인 | 유재경
편집인 | 정종배
디자인 | 박성혜
펴낸곳 | 도서출판 예다인
　　　　서울시 중구 충무로7길 21(을지로3가)
　　　　전화: 02-2266-5005
　　　　E-mail: w8585@hanmail.net
ISBN | 979-11-973518-5-3
정　가 | 20,000원

『아버지 그립고야』는 저작권법 보호를 받고 있어
일부 또는 전부의 무단 복제를 금함.
※ 사전 서면 허락처. 김현철 e-mail: kajhck@naver.com

개정증보판

아버지 그립고야

모란의 시인 「영랑」을 추억하다 — 김현철 지음

ⓔ 예다인

◇ 머리말 ◇

16년 전 당시, 〈시문학파기념관〉 창설을 준비하던 강진군(군수 황주홍)의 초청으로 오랜만에 귀국한 영랑시인의 셋째 아들(필자)이 강진에 와서 처음으로 느낀 것은 바로 영랑 시인의 시 외에는 영랑 시인의 사생활을 아는 사람이 없다는 사실이었다. 이때 필자는 너무 오랜 해외생활로 이런 결과를 만들었음에 자괴감이 들었다.

이건 아니라고 느낀 필자는 자신의 기억과 서정주, 박목월, 황금찬 등 선친의 문단 후배들 그리고 고향 선배들의 증언을 토대로 한 편씩 초안을 쓰기 시작했다. 이렇게 해서 처음 선친 영랑 시인의 사생활은 『아버지 그립고야』(동아일보사, 2009, 2010)라는 이름으로 세상에 알렸다.

그런데, 초판 중 고향 선배가 잘 못 전해준 내용 즉, 선친의 재혼 결혼식 주례 송진우 선생을 여운형 선생으로 잘 못 쓰는 등 뒤늦게 몇 군데 수정해야 할 곳들이 확인되었다.

곧 개정판을 내겠다고 다짐하면서도 주변 여건으로 하루하루 미루다가 어언 올해 9순을 맞으면서 더는 미룰 수 없다는 생각에, 고향 군민들을 위한 경제 활성화 방안, 잊히지 않는 고향 현지에서 일어난 일 등 역사적 자료로서 중요한 내용들을 곁들여 개정증보판을 펴낸다.

특히, 이번에 부모님 유택을 마지막으로 이장하면서 얻은 경험과 비화를 독자 여러분께 사실 그대로 공개함이 훗날 특히 고향 분들에게 있을 수 있는 오해를 예방할 수 있다는 생각에 이장 경과보고도 상세히 곁들였다.

영랑이 그토록 사랑하던 겨레와 국토·고향 산천·생가의 모란·동백·꾀꼬리·숲·대밭·한 폭의 동양화처럼 펼쳐진 강진 앞바다의 정경 그리고 거문고·북·판소리·악성들의 교향곡·협주곡 등을 죄다 포기하고 유명을 달리한 지 어언 74년, 그 지난날의 일들을 회고하려니,

◇
머리말
◇

" …… 아슬한 하늘에 뜬 연같이 /
　바람에 깜박이는 연실같이 /
　…… 아슨풀하다 …… "

(「연 1」 중에서)

　　지난날을 회상하는데 문득 "뚱뚱한 몸짓에 걸걸한 웃음소리, 거기에서 풍기는 체취, 소박하고 활달하고 호걸풍마저 섞인 '무한호인無限好人'이라 불릴 정도의 그의 초탈超脫한 성격은 우리 시인들 중에서는 찾아보기 어렵다던 평론가 이헌구 (1905~1983)의 글 '생각나는 사람들'이 떠오른다.

　　숲향기 숨결을 가로막았소
　　발끝에 구슬이 깨이어지고
　　달따라 들길을 걸어다니다
　　하룻밤 여름을 새워버렸소

- 「숲향기 숨길을」 전문 -

영랑에게는 자신이 그토록 사랑한 이 땅과 이 뜰을 비추는 달, 그 속에서 신선인 듯 달 따라 밤새워 여름을 거닐던 로망이 있었다.

잇따라 발표되는 주옥같은 영랑의 서정시에 평론가 이원조(1909~1955, 시인 이육사의 동생)는 "…… 이 시인이 자꾸 이대로 나가면 뮤즈Muse(그리스 신화에 나오는 시·음악·극·미술을 지배하는 아홉 여신들)마저 질투할 것이다. 칭찬도 공격도 할 것 없이 그냥 둘 수밖에"라고 했다. 평론가라 해서 함부로 비평할 작품들이 아니라는 뜻일 게다.

순간의 미적 감동을 포착해서 '서정주의의 극치를 이룩해 놓은 시인'(박용철, 정한모 두 시인의 평)인데다 대부분의 지식인들이 적당히 시류를 타면서 편안히 한세상을 살아갈 때 "…… 나는 독毒을 차고 선선히 가리라 / 막음 날 내 외로운 혼魂 건지기 위하여"(「독을 차고」 중에서)라며 잔인무도하고 잔악한 일제의

◇
머리말
◇

탄압에도 이 악물고 끝내 그 지조를 굽히지 않았던 영랑이었다.

　이제 와서 보니 영랑의 묘비에 꼭 알맞은 '유언장' 같은 시 「묘비명墓碑銘」을 두고도 유가족 및 동료, 후배들이 대표작으로 알려진 「모란이 피기까지는」만 생각해 온 것은 일찍이 영랑의 시 전편을 접하지 못한 탓이 아닐까?

　　생전에 이다지 외로운 사람
　　어이해 묘 아래 빗돌 세우오
　　초조론 길손의 한숨이라도
　　헤어진 고총古塚에 자주 떠오리
　　날마다 외롭다 가고말 사람
　　그래도 뫼 아래 빗돌 세우리
　　'외롭건 내 곁에 쉬시다 가라'
　　한恨 되는 한마디 삭이실란가

－「묘비명墓碑銘」 전문 －

이 책이 오랫동안 알려지지 않았던 영랑의 사생활을 연구하는 국문학도와 영랑 시 독자들, 그리고 고향의 선·후배 여러분께 다소나마 이해를 돕는 자료가 되었으면 한다.

　끝으로 이 책이 나오기까지 옆에서 협조해 주신, 고향의 선·후배 및 친지 여러분들, 그리고 표지를 장식해 주신 김승희 화백께 심심한 감사를 드린다.

2024년 8월

미국 마이애미 해변에서
시인 영랑의 셋째인 유족대표 **김 현 철**

◇
차
례
◇

머리말

1 _ 미인의 사진을 보고 감격의 눈물을? 15
2 _ 결혼 주례는 송진우 선생, 옛 애인 최승희의 축하 속에 20
3 _ 마음 한구석에는 인정이 넘치고 25
4 _ 말술을 사양하지 않았던 주량 27
5 _ 광복군 군자금을 돕고 29
6 _ 평생 입에 대지 않았던 밀가루 음식과 떡 33
7 _ 음악을 향한 정열과 집념 38
8 _ 「모란이 피기까지는」 명시의 탄생 순간 44
9 _ 방언이 많은 영랑 시 번역의 어려움 49
10 _ 일제의 창씨, 신사참배, 단발령에 불복 54
11 _ 아빠의 애틋한 사랑을 담아 「딸에게」 보낸 편지 59
12 _ 축구와 정구로 몸을 다지고 63
13 _ 아들 자랑하던 삼불출? 65
14 _ 20년 된 소작인에게 농토 무상 증여 67
15 _ 자식에게는 호랑이 같았던 아빠 71
16 _ 부친의 비석에 '조선인', 표지석에 '태극' 새겨 73
17 _ 광복의 날! 강진군 내에 태극기 보급, 국악 연주로 애국가를 76
18 _ 민심 파악에 서툴러 국회의원 선거에서 낙선 80
19 _ 자식들에게는 "문학을 전공하지 말라" 82
20 _ 좌익 테러 위협과 자식들 교육 위해 고향 떠나 서울로 87

21 _ 자작시 낭송 때는 너무도 수줍었던 사람 91
22 _ 생후 46년 만에 얻은 첫 직장 96
23 _ 대중가요는 한 곡도 못 불러 99
24 _ 직원들이 두려워한 유일무이한 한복 공무원 103
25 _ 경무대의 대형 일본 병풍을 치우게 하고 105
26 _ 친일파에 너그러웠던 영랑 107
27 _ 주변을 놀라게 한 과격한 성격 109
28 _ 자신의 죽음을 예언하다 115
29 _ 납북은 면했으나 끝내 서울 탈환 작전 중 유탄에 쓰러지다 118
30 _ 전쟁 중 약탈로 유품 한 점 못 건진 유가족 125
31 _ 박목월 "영랑 시는 우리나라 최고의 시" 127
32 _ 정지용 시인이 본 영랑 시 130
33 _ 가장 사랑했던 후배 서정주 시인과 영랑 133
34 _ "나는 늙어서 셋째 놈과 살겠소" 138
35 _ 이승만정부 여순민중항쟁 관련 영랑 시 시어 조작 141
36 _ 폭거, 독단 일삼는 강진군청, 국가지정문화재 훼손이라니! 149
37 _ 강진도 〈이효석문학관〉을 배워야 164
38 _ 유가족, '영랑'을 빛낸 황주홍 군수에 감사장 증정 174
39 _ 필자가 3년 임기 만료 전에 강진을 떠난 이유 183
40 _ 영랑 시인 부부유택 '애국선열묘역'인
　　　　〈망우역사문화공원〉으로 재이장 189

아버지 그립고야

당대 세계 최고 미인으로 손꼽히는 프랑스 소녀 '미농'.

***
1 _ 미인의 사진을 보고 감격의 눈물을?

    호탕하고 강직한 성격의 영랑(1903~1950)이 사진 속 소녀의 아름다움을 보고 감격해서 눈물을 흘렸다면 누가 믿겠는가? 영랑이 일본 아오야마학원(현재 青山學院大學: 아오야마 가쿠인 대학) 재학시절(1920~1923), 당시 세계적인 미인으로 정평이 있던 프랑스의 미인 미뇽Mignon의 사진엽서 한 장을 구했다.

    이 사진 속의 미뇽은 화장기가 전혀 없는 청순한 얼굴에, 핑크빛 반소매 상의와 검은 바탕에 빨강 무늬가 있는 치마를 입고 있으며 왼손에 쥔 만돌린을 겨드랑이 밑에 낀 채 오른손은 검은 곱슬머리 뒤쪽에 대고 비스듬히 서 있는 요염한 소녀의 모습을 하고 있었다.

이 아름다운 소녀의 사진을 보고 영랑은 너무도 감격해서 "이 미인의 모습 때문에 내 청춘이 병들었노라"하며 울었다고 한다.

영랑은 그것을 입증이라도 하듯 그 엽서 뒤쪽에 다음과 같은 시를 썼다.(이 시 구절 중 청산은 아오야마학원을 가리킨다.)

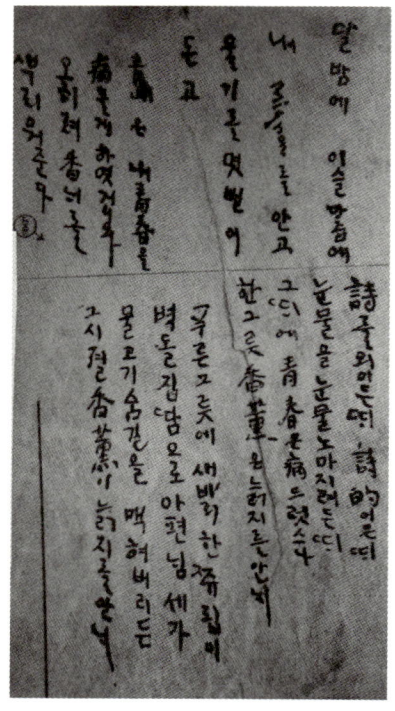

영랑이 미농을 생각하며 친필로 쓴 시

달밤에 이슬아침에
내 미눙을 안고
울기를 몇 번이
든고

청산은 내 청춘을
병들게 하였거니와
오히려 향내를
뿌리워 준다

시를 외이든 때 싯적이든 때
눈물을 눈물로 맞이려든 때
그 때에 청춘은 병들었으나
한 그릇 향훈香薰은 늙지를 않네

푸른 그릇에 새빨간 튤립이
벽돌집 담으로 아편 냄새가
물고기 숨길을 막혀버리든
그 시절 향훈香薰이 늙지를 안네

(「달밤에 이슬아침에」, 전문)

① 일본 아오야마학원 재학 중
  관동 대지진 조선인 학살로 귀국해 찍은 사진
  (1923년 가을).
  평소 호탕한 성격의 영랑이었지만 그림엽서 속
  여인을 보고 감격해 시를 쓸만큼 유미주의적
  내심을 지니고 있었다.
② ③ 휘문고 재학시절의 영랑 (1919년)

유미주의파 시인의 내심이 들여다 보인다. 이토록 아름다움에 약한 영랑은 첫 시집인 《영랑시집》 첫 페이지에 "A thing of beauty is a joy, forever(아름다움은 영원한 기쁨)"라는 존 키츠John Keats의 명시 구절을 원문 그대로 인용하기도 했다.

영랑의 육필 원본은 이 밖에도 친구 박용철 시인에게 보낸 여러 편지 중 현재 두 편이 광주광역시 송정리(현 광산구 소촌동) 박용철 문학관에 보존돼 있다.

***
2 _ 결혼 주례는 송진우, 옛 애인 최승희의 축하 속에

영랑은 당시 풍속에 따라 열네 살 어린 소년의 몸으로 네 살 연상의 18세 김은초와 첫 결혼을 한 지 1년 반만에 상처喪 妻를 했다. 그 쓰라린 경험 후 7년만인 1925년, 스무 살 개성 처녀 안귀련安貴蓮(당시 미 선교사가 창설한 강원도 원산 루씨여중 교사) 을 맞아 개성 중앙교회에서 재혼을 한다. 주례는 독립운동가, 고하 송진우(1890~1945, 전 《동아일보》 주필·사장) 선생이었다.

이 결혼식에는 훗날 세계적인 무용가가 된 최승희(1911~ 1967)가 참석했다. 1923년 관동대지진 조선인 대학살을 목격 하고 귀국한 후 영랑과 최승희는 얼마 전까지 열렬히 사랑하 던 사이였으나 "무용가(당시는 광대=딴따라) 지망생은 장손 며느 리가 될 수 없다."는 완고한 부친의 반대로 끝내 뜻을 이루지 못한 비련의 주인공들이었다.

결혼한 지 1년여 만에 상처한 영랑은 만 7년 후
스무살의 안귀련을 아내로 맞이했다.

당시 최승희는 본격적인 무용가가 되기 직전인 숙명여고생의 몸으로 영랑의 친구인 오빠 최승일(연극인, 소설가, 경성방송국=현 KBS 1호 PD)과 함께 옛 애인의 결혼을 축하하러 왔으나 과연 옛 연인들의 가슴속에 '옛사랑'의 이미지는 다 지워졌을까?

완강한 부친의 반대에 부딪쳐 최승희와의 결혼에 실패한 영랑은 비통을 못 이겨 뒷산 동백나무 가지에 목을 매 자살을 시도했으나 때마침 뒷산에서 일을 하다 내려오던 농부에게 발각, 실패했다.

최승희와의 이별로 비련의 쓰라림을 겪은 영랑은 자기가 가장 사랑하던 동생 하식(1914~1949, 일본 와세다대학교 영문과 졸, 황해도 재령 명신중학교 교사)의 예비신부가 소프라노 가수 지망생(이화여전=현 이대 성악과 재학)이라는 이유로 또다시 부친의 '결혼 반대'에 부딪혔다.

영랑은 자신과 똑같은 쓰라림을 동생에게 안겨주고 싶지 않아 '동생은 장남이 아니라'는 이유를 들어 부친을 끝까지 설득해 결국 동생의 결혼을 성사시켰다고 한다.

첫사랑 영랑의 결혼식에 참석했던 세계적인 무용가 최승희

① 영랑의 결혼 기념사진 (1925년).
② 결혼식 주례는 독립운동가인 송진우 선생이 맡았다.

***
3 _ 마음 한구석에는 인정이 넘치고

1930년대 초반 당시, 새해를 맞으면 초사흗날까지 어떤 형태의 장사도 하지 않고, 사람들은 음력 초하루부터 보름 동안 바깥 출입도 삼가던 시절이었다.

새해 새벽 영랑이 집안 어른께 세배를 드리러 인적이 끊긴 조용한 저자(새벽시장, 현 강진읍 시장통)를 지나는데 남루한 옷을 입은 농부가 나무를 가득 실은 지게를 내려놓고 손님을 기다리고 있지 않은가!

너무도 처량한 표정의 이 농부에게 영랑은 무슨 피치 못할 사정이 있나 보다 하고 부드러운 어조로 그 사연을 물었다.

"아니, 오늘 설날 아니오?"

이 농부는 울상을 지으며 말했다.

"집에 미역도 쌀도 아무 것도 없는디 어저께 밤 산고(부인이 분만함)가 들었어라우. 촛국밥(강진 방언: 분만 후 산모의 첫 식사) 끓여 줄 것이 없어서…."

농부는 더 말을 잇지 못했다.

이 말을 들은 영랑은 더 할 말을 잃었다. 세배를 뒤로 미루고 이 농부에게 나뭇짐을 지게 해 집으로 데리고 와서 나뭇값 두 배를 쥐어준 다음 쌀 두 말을 지게에 실어 보냈다고 한다.

✱✱✱
4 _ 말술을 사양하지 않았던 주량

강진읍에는 평소 영랑이 가장 아끼던 후배 차형환(1918~1968, 목포 〈우리고운피부과〉 차승훈 원장 부친)과 조카뻘 되는 강진읍의 유일한 승마 기수 김현장(1917~1981, 서예가, 김승희 화백의 부친) 등 두 청년이 있었다.

이들은 비록 강진의 시골 청년들이었으나 대학생 시절 도시 출신의 여러 라이벌을 제치고 고려대 전신인 보성전문학교 응원단장과 일본 법대의 응원단장을 각각 지낸 특이한 거물급 젊은이들이었다.

조국 광복 직전 어느 날, 평소 술을 즐기던 차 청년은 집에서 보통 두 말씩 막걸리를 빚었는데, 그때마다 다른 친구들은 제쳐놓고 15년 연상인 '영랑 선생'만 초대해 문학, 음악, 조국의 운명 등에 관한 이야기를 들으며 그 술이 바닥이 날 때까지 대작했다고 한다.

거나하게 취해서 귀가한 영랑은 그때마다 기분이 아주 좋아져서 집 대문에 들어서자마자 마당에서 두 팔을 벌려 춤을 추며 우렁찬 목소리로 비제의 오페라 카르멘 2악장 에스까밀리오의 아리아 '투우사의 노래'를 원어로 부르곤 했다.

5 _ 광복군 군자금을 돕고

　　백범 김구 선생이 윤봉길 의사의 상하이 홍커우虹口 공원 폭탄 투척 사건 배후로 지목돼 체포령이 내리자 도피해 일시 귀국했다. 그는 단 하루도 쉬지 않고 전국을 돌며 광복군 군자금을 모으다 강진까지 온 것이다.

　　김구 선생은 제일 먼저 당시 조선에서 여섯째 부자로 꼽히던 강진 동문안의 4만석꾼 김충○(일본군에 항공기 기증)에게 큰 기대를 안고 찾아갔다가 예상 밖의 냉대를 받고 크게 실망해서 발걸음이 무거웠다.

그러나 그는 3·1 만세운동에 이은 4·4 강진 의거를 이미 알고 있었기에 분명 동지들이 있음을 확신하고 다시 허탈한 발길을 군동면의 김경묵(1914~1992, 전 김재철 동원그룹 회장 부친) 댁으로 돌려, 그 집에서 베푸는 점심을 들고 또 광복군 군자금도 받아 용기백배했다.

이어 그는 같은 마을의 오원석(1899~1972, 전 외교관 오세주 대사의 부친), 강진읍내의 '탑골 꼭대기 집(영랑생가 별명)'에 사는 청년 시인 영랑, 서문안의 오승남(1899~1982)과 김안식(1896~1960, 전 보성전문=고대 전신, 법대 교수) 등을 잇달아 찾아 예상했던 액수보다 많은 자금을 확보함으로써 첫 나들이에서의 실망감을 어느 정도 떨쳐낼 수 있었다.

광복 직후 김구 선생은 외세(미·중·러)의 지배에서 벗어나 나라를 세우고자 전국 순회 강연을 하면서 강진에 다시 들렀다. 현 강진읍 우체국 남쪽에 있던(당시 일본인 초등학교, 동국민학교 운동장) 광장에서 강연을 하던 중, 10여 년 전(1933년 경) 자신이 강진에 들렀던 때의 일을 회상하면서 그때 국내 애국자들의 열렬한 협조가 없었다면 임시정부 광복군의 활동은 불가능했다며 감사의 뜻을 표했다.

또, 그는 장흥에서 강진에 오는 도중에 길가에 큰 바위 (샘바위)가 있는데 그 바위를 돌아오면서 "너가 살아서 이 바위를 다시 볼 수 있을까?" 하며 나라 잃은 슬픔에 눈시울이 붉어졌다고 회고했다.

그러면서 "그 바위를 비롯해 강진의 아름다운 산천, 특히 모금을 적극 도와주었던 당시 강진의 애국동지들을 다시 만나게 되니 감개무량하다"라고 털어 놓았다.

생가 사랑채와 정구장 사이의 돌담 (현재는 없어짐)
앞에 앉아 시상에 잠긴 영랑 (1935년)

6 _ 평생 입에 대지 않았던 밀가루 음식과 떡

영랑은 첫 아내(김은초, 1899~1917)와 결혼 불과 1년 반만에 소생 없이 상처하면서 그 충격에 몇 편의 시를 남긴다.

쓸쓸한 뫼앞에 후젓히 앉으면
마음은 갈앉은 양금줄 같이
무덤의 잔디에 얼골을 부비면
넋이는 향맑은 구슬손 같이
산골로 가노라 산골로 가노라
무덤이 그리워 산골로 가노라

(「쓸쓸한 뫼앞에」 전문)

이제 사춘기에 들어선 나이 어린 소년에게 첫 아내의 죽음은 이 세상에서 가장 사랑하는 누이의 죽음처럼 청천벽력 바로 그것이었으리라.

신부는 어린 신랑이 귀여운 나머지 남동생처럼 자주 업어 주었다고 한다.

그리고 만 7년이 흐른 1925년, 영랑은 미 선교사가 창설한 개성 호수돈여고 출신인 안귀련安貴蓮(1906~1989)과 재혼했음은 위에 이미 밝혔다.

당시 불편했던 교통 문제와 집안 여건으로, 영랑은 재혼 후 몇 해가 지나서야 강진 집에서 천리가 훨씬 넘는다는 처가를 찾게 되었다. 처가 식구들은 평생 가장 귀한 손님을 맞은 듯 맏사위를 반겼음은 물론이다.

그러나 처가에서는 진종일 차에 시달려 전신이 피곤한 데다 시장기마저 들어 괴로워하고 있는 이 귀한 손님에게 끼니 때가 훨씬 지났는데도 식사를 대접할 줄을 몰랐다.

설마 밥 한 끼 안 줄 리가 없겠지 하고 더해가는 시장기를 누르며 기다리는데, 이윽고 밥상 들어오는 소리가 들렸다. 그제야 영랑은 한숨을 놓았다.

새하얀 앞치마를 두른 처제와 처남댁이 문을 열더니, 처제가 수줍은 얼굴로 "오늘 형부께 개성 특별 요리를 대접하려고 이곳의 유명한 만두를 빚느라 시간이 너무 많이 걸렸어요. 죄송해요. 시장하실 텐데 얼른 드세요" 하며 공손히 인사를 했다.

이 말을 들은 영랑은 한숨을 내쉬었다.
'뭐라고? 밀가루 음식이라고?'
개성이라면 밀가루 음식인 만두가 귀한 손님 대접용으로 많이 쓰인다는 사실쯤은 알고 있었으나 사전에 밀가루 음식을 먹지 못한다는 사실을 처가에 알렸어야 했는데 그러지 못한 영랑은 난감했다.

'이를 어쩐다? 아무리 개성 특별 요리라 해도 내게는 알러지(알레르기)를 일으킨다면 그게 무슨 의미가 있겠는가?'

그렇다고 이제 와서 그 오랜 시간 수고한 처가 식구들에게 무슨 얼굴로 "나는 밀가루 음식을 못 먹소"라고 말할 수 있단 말인가?

수줍음이 많던 영랑은 처제나 처남댁과는 대화 한번 제대로 못 해본 사이. 어느샌가 시장기는 사라졌고, 이 난국을 어떻게 타개해야 할지 고민에 고민을 거듭하느라 숟가락 한 번 들지 못한 채 끙끙거렸다.

한참 후, 식사가 다 끝났으리라 생각했는지 다시 문이 스르르 열리더니 숭늉을 들고 처제가 들어왔다. 그런데 이게 웬일인가. 형부의 손이 밥상을 들여왔을 때나 다름없이 얌전히 양 무릎 위에 얹힌 채 꼼짝을 않고 있는 데다, 음식을 든 흔적이 없지 않은가! 밥상 위의 음식에 손도 대지 않은 것이다.

'어머, 이 일을 어쩐다? 만두를 드실 줄 모르는 형부의 식성을 몰랐구나.'

그제야 감을 잡은 처제는 집안에 단 한 분뿐인 큰 형부께 부끄럽고 황송해서 상기된 얼굴로 "만두를 못 드실 줄은 전혀 몰라 저지른 실수였습니다. 곧 밥을 지을 테니 시장하시더라도 조금만 참아 주세요" 하며 황급히 처남댁을 불러 상을 들고 부랴부랴 부엌으로 나갔다.

등줄기에는 식은땀이 흐르는데 영랑은 오히려 처가 식구들에게 미안해서 어쩔 줄을 몰라 하면서도 달리 할 말이 없었다. 그 후 처제 되는 분은 친정을 찾은 언니를 보고 당시 일을 자세히 설명하면서 '그때는 쥐구멍에라도 숨어 버리고 싶은 심정이었다'고 끔찍했던 당시 상황을 설명했다.

영랑은 어려서부터 쌀밥과 보리밥만 먹고 평생 밀가루 음식과 떡은 입에 대지 않았다.

***
7 _ 음악을 향한 정열과 집념

독립만세운동 사건으로 감옥에 있던 영랑은 출옥하자 일본으로 건너가서 도쿄예술대학 성악과 진학을 꿈꾸었다. 웅장하고 풍부한 타고난 성량, 음악에의 예리한 감각과 자신감 그리고 주체할 수 없을 만큼의 음악을 향한 열정으로 음악도가 되기를 진심으로 바랐다고 한다.

그러나 당시의 사조대로 영랑의 부친은 성악가를 '광대' 취급했기에 결사반대했다. '집안의 장남이 광대가 되다니. 네가 계속 성악가가 되겠다면 학비를 끊겠다'는 부친의 강경함에 영랑은 결국 성악가의 꿈을 접을 수밖에 없었다.

비록 성악가의 꿈은 실현되지 않았지만 영랑은 평생 음악 속에서 살았다. 레코드판에 실린 서양 클래식 음악과 각종

국악을 망라한 음악 감상과 바이올린, 거문고, 가야금 연주 등은 영랑의 일상생활이었다.

영랑이 부르는 남도 판소리는 당시 명창들도 놀랄 정도였다. 또 거문고, 가야금, 북, 양금의 연주 실력은 전문가를 뺨치는 수준이었다. 당대의 명창 임방울, 박초월, 이화중선, 이중선, 임유앵, 임춘앵, 김소희, 박귀희 등 국악의 대가들이 영랑의 초청으로 강진 생가를 방문해서 영랑의 북장단에 맞춰 소리를 했는데 이 명창들은 저마다 빼어난 영랑의 북 연주 실력을 믿고, 고수 없이 홀로 왔다고 한다.

그분들 앞에서 영랑은 흥에 겨워 틈나는 대로 거문고나 가야금을 탔는데, 그때마다 명창들은 그 실력에 혀를 내둘렀다. 영랑이 북채를 들어 흥겹게 명창들의 판소리에 장단을 맞추다가도 〈육자배기〉, 〈자진육자배기〉, 〈삼산은 반락〉 등이 흘러나올라치면 북채를 얼른 내려놓았으니 훗날 그 이유를 묻는 가까운 벗에게 "그런 소리에는 판소리의 고수들은 손을 대지 않는 법"이라고 했단다.

영랑이 가장 잘 부르던 시조창은 황진이의 평시조 '청산리 벽계수야 수이감을 자랑마라'였다.

"실버들처럼 능청거려 휘늘어지는 한국의 정서와 멋을 완전히 자기 것으로 소화해서 지닌 서정시인이 이 나라 시인 중에 영랑 말고 또 있는지 아직 들어 본 적이 없다"라던 평론가 이헌구의 글이 떠오른다.

이렇게 영랑은 서양 고전음악뿐 아니라 특히 국악에 대한 깊은 이해와 조예를 지니고 있었다. 그리고 그에 따라 시의 언어를 음률화해서 시를 낭송할 때면 노래를 부르는 듯 착각하게 만드는 시인이었다.

미당 서정주는 문학 선배 영랑에게서 들은 얘기라면서 "언니 이화중선(1898~1943)보다 아우 이중선(1900~?)의 소리가 촉기 있다"라고 해서 자신도 두 자매의 판소리를 감상해 보았더니 역시 그렇더라고 했다.

필자가 대학시절 한 학기의 학비를 도와준 미당을 공덕동 자택으로 인사차 찾아뵈었을 때 들려준 회고담이다.

원래 '촉기'라는 단어는 생기 있고 재치 있는 기상이라는 뜻이지만, 촉기가 무엇이냐는 미당의 질문에 영랑은 "같은 슬픔을 노래하면서도 그 슬픔을 딱한 데에 떨어트리지 않는 싱그러운 음색의 기름지고 생생한 기운을 말하는 것"이라고 대답하더란다.

영랑은 종종 어린 자식들을 네 살 무렵부터 초등학교 입학 전까지 무릎 위에 앉히고 베토벤, 브람스, 차이코프스키 등 서양 고전음악을 비롯해서 거문고와 가야금산조, 〈춘향전〉, 〈흥부전〉, 〈토끼전〉, 〈적벽가〉 등 국악을 함께 감상했다.

이는 자식들 모두가 서양고전음악과 국악에 귀가 열리는 계기가 됐다. 영랑생가 사랑채의 한 방에는 수많은 세계적인 작곡가들 작품에다 국악 판 등이 엄청 많이 쌓여 있었다.

지금은 CD 하나에 다 들어가지만, 당시는 레코드판 중에서도 길다는 LP판이라는 게 한쪽 면이 5분밖에 안 돼 앞뒤 다 해서 겨우 10분이었다. 베토벤의 9번 교향곡처럼 장장 1시간 10분이나 되는 긴 곡은 레코드판 7장을 한 개의 앨범으로 묶어야 교향곡 하나를 들을 수 있는 시대였다.

서울에서 러시아의 세계적인 베이스 가수 '표도르 샬리아핀' 등의 공연이 있을 때는 물론이고, 도쿄에 세계적인 교향악단이 왔을 때에도 영랑은 어김없이 논밭을 팔아서까지 배편으로 현해탄을 건너 도쿄까지 다녀오곤 했다.

그래서 당시 문인 친구들은 영랑이 서울에 나타날 때면 이번에는 무슨 음악회가 열리느냐고 물을 정도였다고 한다. 그때만 해도 비행기 여행은 생각지도 못할 시절이었으니 음악 감상을 위해 배를 타고 일본을 왕래하던 영랑의 열정에 감탄할 뿐이다.

① 한국 현대시 역사에 한 획을 그은 시문학파 동인들.
앞 좌부터 김영랑 정인보, 변영로, 뒤 좌부터 이하윤, 박용철, 정지용.
② 영랑의 모교인 휘문고 교정에 있는 '모란이 피기까지는' 시비.

***
8 _ 「모란이 피기까지는」
　　명시의 탄생 순간

'20세기 전반의 한국 대표 서정시인'이라 불리는 영랑은 모란이 필 무렵에 맞춰 가끔 사랑채에서 전국의 유명 문인과 문인 지망생들을 초청하여 시 창작대회를 열었다고 전해진다.

1930년대 초 어느 봄날 열렸던 대회에서, 영랑도 사랑채를 에워싸듯 화려하게 핀 모란을 보며 시 한 편을 썼다. 하지만 그것이 마음에 안 들었던지 공개도 하기 전에 시를 쓴 종이를 손바닥에 비벼 쓰레기통에 던지려 했다.

이를 본 11년 연상의 선배 춘원 이광수(1892~1950, 상하이 임시정부 《독립신문》 발행인 겸 주필까지 지냈으나 1937년 이후부터 적극 친일파로 변절)는 "왜 그걸 버려? 이리 줘" 하고는 그 종이를 빼앗아 읽어 보니 깜짝 놀랄 만한 대작이 아닌가!

그 자리에서 춘원은 그 시를 크게 낭송, 만장의 박수갈채를 받았다. 「모란이 피기까지는」이라는 명시가 탄생하는 순간이었다. 이렇게 후일에 명작으로 빛나는 예술작품 중에는 창작 당시 저자 자신이 그 작품을 과소평가하는 경우가 허다하다.

예를 들어 3대 교향곡으로 유명한 제8번 교향곡(미완성 교향곡)을 작곡한 슈베르트는 4악장을 다 채우기 전에 3악장 첫 9구절까지 쓰다가 마음에 들지 않아 원고를 팽개쳤다. 훗날 사가들이 쓰레기통에서 이를 발견하여 슈베르트 사후 37년이 지나서야 첫 공연이 실현되었다.

여기 고은 시인을 9년 연속 노벨문학상 후보 자리에 올려놓은, 영국인 한국문학가 안선재 서강대 명예교수(본명 Brother Anthony, 천주교 수사)가 「모란이 피기까지는」을 영어로 번역한 것을 관심 있는 독자들을 위해 우리말 원시와 함께 전문을 싣는다.

모란이 피기까지는

모란이 피기까지는
나는 아즉 나의 봄을 기둘리고 있을 테요
모란이 뚝뚝 떨어져 버린 날
나는 비로소 봄을 여읜 설움에 잠길 테요
오월 어느 날 그 하로 무덥던 날
떨어져 누운 꽃잎마저 시들어 버리고는
천지에 모란은 자취도 없어지고
뻗쳐오르던 내 보람 서운케 무너졌느니
모란이 지고 말면 그뿐 내 한 해는 다 가고 말아
삼백예순날 하냥 섭섭해 우옵내다
모란이 피기까지는
나는 아즉 기둘리고 있을 테요 찬란한 슬픔의 봄을.

Until peonies bloom

Until peonies bloom

I just go on waiting for my spring to come.

On the days when peonies drop, drop their petals,

I finally languish in sorrow at the loss of spring.

One day in May, one sultry day

when the fallen petals have all withered away

and there is no trace of peonies in all the world,

my soaring fulfillment crumbles into irrepressible sorrow.

Once the peonies have finished blooming, my year is done

for three hundred and sixty gloomy days I sadly lament.

Until peonies bloom

I just go on waiting for a spring of glorious sorrow.

안선재 교수의 『영랑 시 전편』의 영어 번역본은 2010년 3월 말에 미국의 〈머윈아시아〉 출판사에서 출판되었다. 이 번역시가 보여 주듯 과연 영어로 번역된 우리말 시가 우리 정서를 몇 %나 전달했을까?

넷째인 아우 김현태 교수(불문학, 1938~2004)는 생존 시, 문학에 문외한인 필자에게 산문은 좀 덜 하지만 '시' 특히 선친의 시처럼 어려운 시는 원뜻의 반의 반도 옮겨지지 않아 외국어로 번역하면 안 된다고 주장해 왔다.

현재까지 영랑시집 번역본은 영어판보다 8년이나 앞선 베트남어판(레 당 호안 역, 하노이 나수앗반혹출판사, 2002), 일본어판(한성례 역, 도쿄 토요미술사, 2019), 중국어판(주하 역, 연변대 출판사, 조선어문학 교과서용, 2021) 등이 있다.

✱✱✱
9 _ 방언이 많은 영랑 시 번역의 어려움

소월 시가 영랑 시에 비해 비교가 안 될 만큼 이해하기 쉽다는 것은 누구나 다 아는 사실이다. 그래서 영랑 시를 번역하겠다고 나서는 분들께 필자는 번역 초안을 인쇄 전에 복사해 이메일로 보내달라고 부탁을 드린다.

그 이유는, 영랑 시는 어느 호남 출신의 시보다 호남 방언이 더 많아 아무리 유능한 번역가라 하더라도 방언으로 표현된 시어를 제대로 번역하기란 결코 쉽지 않아 혹시 틀렸을 경우에 대한 대비책이다.

번역이 시작되고 오랜 시간이 지난 후, 번역가가 이메일로 거의 번역이 끝나간다며 조금만 더 기다려 달라고 했다. 그때 필자는 인쇄 전에 번역 원고 초안을 보고 싶다며 원고를 보내주십사 부탁을 했는데 그 후 감감 무소식이었다.

　　필자의 이런 요구는, 영어 시 번역에서 한국문학 영어판 번역에 가장 유명한 번역가가 "포럼한=파름한"이라는 강진 방언을 연초록Light Green이 아닌 연청색Pale Blue으로 오역을 했기 때문이다.

　　한 달 후, 불안해서 다시 한번 더 같은 부탁을 드렸는데도 못 들은 척, 아예 필자의 이메일에 회답조차 하지 않았다. 그 후, 번역가는 인쇄를 끝낸 듯, 번역판이 나왔음을 제삼자를 통해 알았다. 보통 번역가들은 원저자 측에 번역판 증정본 한 두부는 보내주는 게 인사임에도 그마저도 묵살했다.

　　원고를 사전에 보여 달라던 필자가 '최고 번역가인 나'에게 '감히 무슨 심사'를 하겠다는 건가? '주제넘게' 하고 오해해, 자존심이 많이 상했던 점은 충분히 이해한다.

　　그러나, 만의 하나 오역이 나올 경우, 원전을 아는 독자들에게 최고 번역가로서의 체면은 많이 구겨질 것이다. 그 불명예보다는 차라리 원저자 측 요구를 한번 겸손히 들어 주고 이런 오역을 예방하는 편이 자존심을 스스로 북돋는 길이 아닐까.

오역이 나올 경우 원저자 측의 불쾌감은 얼마나 클까도 생각할 줄 아는 공감능력이 아쉽다. 그 후, 그 번역판이 미덥지 않아 번역판 한 부를 구해서 혹시 오역이 없나 유심히 주로 '강진 방언' 시어를 살펴봤다.

아니나 다를까, 세 군데나 오역이 발견돼 퍽 언짢았다. 그중 하나는 원전인 『영랑시집』(1935) 사행소곡 26번 「떠날러 가는 마음의 포렴한 길」 중 강진 방언인 '포렴한'(파름한)이 '연초록'Light Green을 뜻하는데 역자는 이를 '연청색'Light Blue으로 번역한 것이다.

연초록은 첫봄 3월 초에 얼었던 땅이 녹으며 파릇파릇 솟아오르는 연한 초록색 풀 색깔이고, 청색은 맑은 가을의 높디높은 하늘색임은 다 아는 사실이다.

우리 민족이 평소에 하늘색도 풀잎색도 모두 '푸르다'로 표현하지만 실제로는 이토록 완전히 다른 색깔인 것이다.

여기 그 사행시 전문을 원전대로 옮긴다.

떠날러가는 마음의 포렴한 길을
꿈이런가 눈감고 헤아리려니
가슴에 선뜻 빛깔이 돌아
생각을 끊으며 눈물 고이며

(오하근 교수는 이 시를 '백일몽의 시'로 풀이했다)

당시 서정주는 『영랑시선』(1949)을 편집하면서 '포렴한'이라는 방언을 '파름한' 정도로 바꿔야 독자들이 알아들을 것이라고 영랑에게 권고, 『영랑시선』에는 '파름한'으로 고쳐 썼다.

두 번째 오역은, 원전 『영랑시집』 27번 시 「언 땅 한길」 중 두 번째 절 세 번째 행 '대 죽고난 이 三月 파르스름히'를 '대 죽고난 二 三月 파르스름히'로 오역한 것이다.

이 시는 영랑이 생후 3개월 만에 사망한 어린 자식을 매장 며칠 만에 다시 현장에 찾아가 70cm나 쌓인 눈을 헤치며 잘 묻혀 있는지 확인하고 싶어 언 땅을 파며 치미는 슬픔을 그린 시다.

먼저의 '이 三月'은 영어로 'This March'(이 시의 경우는 그냥 'March'로 번역해도 됨), 뒤의 '二 三月'은 'February and March'가 될 것이다. 원작자가 '二 三月'로 표현하고 싶었다면 처음부터 '二 三月'로 쓰지, '이'는 '한글'로 '三月'은 '한자'로 표현할 이가 없다.

또, 세 번째 오역은, '이 三月'에 이어지는 '파르스름히'도 연초록을 가리켜 다음 행의 "깔리는 풀잎"을 수식하는데 풀색이 '청색'Blue이 되고만 것이다.

'언땅 한길 파도 파도' 원문 둘째 절은 다음과 같다.

(상략)
두자세치를 눈이 덮여도
뿌리는 얼신 못건들여
대 죽고난 이 三月 파르스름히
풀닢은 깔리네 깔리네

대부분의 번역서, 특히 일반인들이 이해하기 어려운 영랑 시 번역판은 수정할 기회인 재판의 기회가 거의 없어 초판으로 그치기 때문에 결코 가볍게 볼 일이 아닌 것이다.

10 _ 일제의 창씨, 신사참배, 단발령에 불복

영랑의 장남과 장녀가 각각 서울과 광주에서 유학 중일 때의 일이다. 당시 이 두 남매는 일본 정부의 명령을 거부하고 일제에서 해방되는 그 날까지 조상이 물려준 성씨를 그대로 유지했다.

학교 기숙사에 있다가 방학 때가 되면 어김없이 학교 측은 이 두 남매를 불러서 이번에도 창씨를 하지 않으면 새 학기에는 학교에 돌아오지 못한다고 아버지께 말씀드리라며 협박을 했다.

① 경주 분황사에서. 맨 왼쪽이 영랑. (1940년)
② 충남 보령시 주산면 사목리 영덕산 삼각봉에 이양우 시인이 사재로 세운 영랑 등 항일민족시인 7위 추모분향단.

창씨를 하지 않는 이유를 알 길이 없던 어린 자식들은 아버지 영랑에게 이번에 창씨를 안 하면 다시는 학교에 가지 못한다고 울며 보챘다. 그때마다 아버지 영랑은 아무 것도 아니란 듯이 "응, 그래. 다음에 일본 성으로 바꾼다고 그래라" 하며 뒤로 미루었고, 자식들은 아버지를 두고두고 원망할 수밖에 없었다.

일본 경찰이 조선인 가구주들에게 성을 일본식으로 바꾸라고 창씨를 강요할 때면 영랑은 "내 성명은 김윤식이다, 일본말로 발음하면 '깅인쇼쿠'다, 즉 나는 '깅씨'로 창씨했다"라며 당당히 대응했다.

필자도 초등학교 시절에 "병신, 우리는 모두 이름이 네 글자인데 너는 왜 세 글자뿐이지? 깅(김)겐(현)데쓰(철)가 뭐냐?"며 친구들에게 놀림을 받고 창피해서 얼굴을 붉히던 기억이 떠오른다.

당시 강진에서는 매주 토요일이면 어김없이 경찰서 고등계(현 정보계) 형사가 찾아와 영랑 생가 사랑채 대문 기둥에 붙어 있는 순찰함에 영랑이 집 안에 있는지를 확인하는 도장을 찍었다. 이미 독립운동으로 감옥에 갔다 온 불령선인不逞鮮人

(일제 명령을 따르지 않는 조선인)이라 혹시 경찰이 모르는 사이에 영랑이 또 빠져나가 독립운동에 가담하지 않았을까 의심했기 때문이다.

형사는 순찰함에 도장을 찍고 안으로 들어와서 또 영랑을 협박했다.

"내일은 일본 전 국민이 신사참배를 하는 일요일이오. 당신도 내일 신사참배를 하러 나와야 해요."

이럴 때마다 영랑은 그럴듯한 핑계로 위기를 모면했다.

"내가 설사병이 나서 하루에도 수차례씩 설사를 한다고 했지 않소. 신사참배를 갔다가 도중에 설사를 하면 신성한 신사를 모독했다고 또 나를 감옥에 집어넣을 것 아니요? 그래서 나는 못하겠소."

그 말이 거짓이리라는 것을 짐작은 하면서도 증거가 없으니 또다시 형사는 씁쓸하게 웃고 떠나곤 했다. 또, 당시는 일본인, 조선인 남성들은 모두 일본 정부의 단발 명령에 따라야 했다. 머리를 기르는 것은 일본 천황에 대한 '결례'라는 것이 그 이유였다.

하지만 영랑은 광복되는 날까지 끝내 장발로 버텼다. 이러한 영랑의 항일 자세와 「독을 차고」, 「거문고」, 「춘향」, 「두견」 등 일제 말기에 속속 발표한 저항시를 기억해 온 이양우 시인은, 사재를 털어 2009년 가을 고향인 충남 보령시 주산면 소재 자신의 소유인 삼각봉에 항일 민족시인 추모 공원을 만들고 한용운, 윤동주, 이육사, 김영랑, 오일도, 이상화, 심연수 등 '항일민족시인 7위 분향단'을 마련했다.

***
11 _ 아빠의 애틋한 사랑을 담아 「딸에게」 보낸 편지

다음에 소개하는 글은 1964년부터 1969년까지 국정교과서 중·고등학교 2학년용 『고등국어 2』 교과서 10~12쪽에 실린 「애노에게」라는 제목의 편지다.

광주에 있는 아사히旭여중(현 전남여고 전신)에 유학 중인 맏딸(애로, 1926~1996)에 대한 아버지의 애틋한 사랑을 잘 표현하고 있다. 그러나 당시 교과서는 문장에만 치중하고 작자를 중요시하지 않아서 이 편지를 누가 썼는지 밝히지 않았다.

영랑의 시는 「모란이 피기까지는」, 「내 마음을 아실 이」, 「돌담에 소색이는 햇발」 등 여러 편이 교과서에 실렸지만, 산문으로는 「두견과 종다리」 등 21편 중 유독 광주에 유학 중이던 맏딸에게 보낸 이 편지만 소개되었다.

모두 87편의 시 이외에도 영랑은 세 편의 번역 시를 남기고 있다. 이 편지를 소개하는 이유는 다른 산문들은 여러 학자들이 인용해서 많이 알려져 있으나, 이 편지는 교과서에 한 번 실린 이후 거의 알려지지 않았기 때문이다.

여기 교과서에 실린 글 중 '딸에게'가 영랑의 편지로, '애노'는 딸 이름 '애로'의 잘못이다. 사랑 애愛, 이슬 로露 자를 쓰는데 한때 톨스토이, 푸시킨, 고골, 도스토옙스키, 체호프 등 러시아문학에 심취했던 영랑이, 당시 러시아를 '로서아露西亞'로 표기했기에 맏딸 이름을 '애로愛露'라고 지은 것이다.

즉, 이 이름은 '이슬을 사랑하다'가 아니라, '러시아문학을 사랑하다'가 영랑의 뜻에 맞는다. 또 '현구' 역시 동향 출신 〈시문학파〉 동인으로 영랑의 조카뻘 되는 '현구'(필자의 본명 현철과 같은 항렬)의 오타임.

- 딸에게 -

애노 읽어라.

그동안 객지에서 고생이 어떠하냐? 몸이나 성하냐?

어제 네 편지를 읽고 멀쩡한 일에 네가 어린 마음을 공연히 죄고 있는 것을 알았다.

기숙사 밥이 먹기 사납다고 어느 학부형이 편지질을 했더란 말이냐? 엄마 아빠는 절대로 그런 편지를 아니 할 사람이니 걱정 말아라.

사숨(기숙사를 말함) 밥이 설령 좀 나쁘거라도 참고 맛있게 먹을 도리를 해 보아라. 그것이 첫째 큰 수양이 되는 것이다.

요새 비가 너무 아니 와서 농촌에서는 큰 야단들이다. 집에 아이들도 잘 있다. 외숙 댁에나 일주일에 한 번쯤 가 뵈어라.

이번 네 편지 보고 엄마 아빠는 웃었다. **本第入納**(본제입납: 자기 집에 편지할 때 겉봉투의 배달될 주소에 자기 이름을 쓰고 그 밑에 쓰는 말)의 "**納**납"을 "**紙**지"자로 썼구나. 이 담부터 고쳐 써라.

외삼촌은 외숙님이라고 써 버릇해라. 하식이 삼촌은 숙부이시고 익환 삼촌은 외숙이시다.

한자를 조심해서 써라. 안 쓰는 것과 잘 못 쓰는 것과는 문제가 처음부터 다르다.

아버지가 요새 좀 바빠서 너한테 못 간다. 그러나 너무 집 생각만 하여서는 안 된다. 무엇보다도 공부, 공부가 아니냐!

그리고 병후의 몸이니 특히 몸조심하여라.

참, 잊은 말이 있다. 아버지는 현구(영랑의 조카뻘 되는 시인 현구의 잘못) 오빠와, 이 며칠 새에 지리산엘 가기로 작정했다. 작년에는 한라산에 갔다 오지 않았니!

서울 정(정지용 시인을 뜻함) 선생이랑 올해는 지리산이다. 한라산보다 높고 깊고 넓기는 오히려 더 하다는 지리산. 아버지가 짧은 양복바지에 루크새크(배낭)rucksack를 메고 올라가면 사흘이면 갔다 온다.

비를 만날까가 좀 염려지마는, 상봉에 오르면 전라 경상 사(4)도가 눈 아래 있다 하니 장엄하지 않겠느냐? 명산 순례를 아버지 맘 때 아니하면 늙어서는 할 수 없다.

백두산만 가보면 아버지의 소원이 다 이루어지지마는, 그곳은 더 큰 계획이 서야 가는 데이니, 이삼년 뒤로 미루기로 한다.

지리산에 대한 지리, 사적, 아버지가 잘 조사해다 일러 주마.

오늘은 이만 줄인다. 부디 몸조심하여라.

✳✳✳
12 _ 축구와 정구로 몸을 다지고

휘문의숙(현 휘문중고교) 시절 축구선수였던 영랑은 정구(현 테니스보다 공이 말랑말랑한 연식정구)에도 실력이 월등했다. 영랑은 강진 생가 사랑채 동쪽에 정구 코트를 만들고 시간 나는 대로 친구들과 정구를 즐겼다.

당시에는 도쿄에서 서울을 거쳐 전국의 시골로 정구 기술이 전수되는 게 상례였는데 강진의 경우에는 도쿄 유학생인 영랑이 친구들과 후배들에게 직접 기술을 전수, 그 덕분에 강진 청년들의 정구 실력은 전국적으로 최고 수준이었다고 한다.

그런 인연 때문인지 영랑의 고향 정구계의 후배인 전 중앙의원장 고 김영배 박사가 1949년 대한체육회 주최 전국대

회와 서울대 약대 주최 전국대회에서 각각 우승하는 기염을 토했다.

당시 강진에는 정구 코트가 현재 군청 청사 서쪽과 영랑의 생가 두 군데밖에 없었다.

영랑은 이 밖에도 등산에 취미가 있어서 문우 정지용(1902~1950), 박용철(1904~1938), 김현구(1904~1950) 등과 금강산, 한라산, 지리산 등에 오르곤 했다.

일본이 제2차 세계대전에 깊이 **빠져들**면서 조선인에 대한 탄압이 더욱 심해져 조선어 집필까지 불허하자 끝내 '절필'(1940~1945)로 반항했으며, 이어 광복 후에는 영랑이 새나라 건국에 여념이 없었던 상황으로, 생가 코트에서의 경기는 1941년 이후 다시는 볼 수 없었다.

***
13 _ 아들 자랑하던 삼불출?

1940년대 서울의 경복중·고교는 전국적인 명문교였다. 서울은 물론 지방의 수재들이 더 많이 모여들었다.

영랑 맏아들 현욱(1928~1989)이 경복중학교에 합격했다. 평소 자식들에게 엄하기로 소문난 아버지 영랑이었으나 그 기쁨을 말로는 다 표현할 수 없었던지 중학생이 된 장남을 등에 업고 주위 사람들에게 "이놈이 서울 경복중학에 합격했소!" 하고 자랑을 했다는 것이다.

이때 마을 사람들은 영랑에게 이런 면이 있음을 처음 보았다고 한다.

서양에서는 자기 자랑, 마누라 자랑, 자식 자랑이 보통이지만, 우리 풍토에서는 이런 사람들을 일컬어 '삼불출(나, 아내, 자식 세 가지를 자랑하는 못난이=三不出)'이라 하니 영랑도 결국 삼불출이 되었다. 영랑도 평범한 가장이었음을 보여 주는 대목이다.

맏아들 현욱은 국문학을 전공하고 오랫동안 고등학교 국어 교사로 있었다.

14 _ 20년 된 소작인에게 농토 무상 증여

1943년 봄 어느 날, 사랑채 마루에서 흰 바지저고리를 입은 백발노인이 왼손에 흰 서류를 들고 젊은 영랑 시인에게 큰절을 올리는 것을 본 영랑의 어린 아들(필자, 당시 초등학생)은 눈이 휘둥그레졌다. 노인이 왜 젊은 아버지에게 큰절을 할까 하고 놀랐던 것이다.

궁금해 못 견딘 이 소년은 저녁때 안채로 들어가 어머니께 이 사실을 알리면서 어떻게 된 일인지를 여쭤봤다. 어린 아들이 놀랄 만하겠구나 싶었던지 어머니는 빙그레 웃으며 다음과 같이 설명해 주셨다.

영랑의 부친 김종호의 송덕비.

"20년간 우리 논 네 마지기(약 800평)를 소작해 온 노인이시란다. 그렇게 긴 세월 소작을 해 오셨으니까 아버지가 그 땅을 전부 그분 앞으로 명의를 변경해 땅문서를 드렸단다. 그랬더니 너무 고마워서 그 노인께서 그렇게 큰절을 하신 거란다."

이런 일이 그 후로도 몇 번 더 있었다. 영랑의 이러한 자세는 일찍이 조상으로부터 물려받은 것으로 보인다. 영랑의 할아버지 김석기金奭基(1851~1922)는 1903년(병오년), 당시 흉년이 들자 강진군 작천면 주민들에게 식량을 풀었다.

이후 주민들은 삼당리에 보정안민비輔政安民碑를 세웠다. 오랜 세월이 흐르면서 지금은 그 비석의 흔적을 찾을 길이 없고 집안 족보의 기록에만 남아있다.

또, 영랑의 아버지 김종호金鐘湖(1879~1945) 역시 1911년(신해년)에 가뭄으로 흉년을 맞은 칠량면 주민들에게 식량을 풀어, 주민들은 동백리에 영세기념비永世紀念碑를 세웠다.

110여 년이 지난 지금, 비석 가운데가 토막 난 것을 수리해서 칠량면사무소 앞뜰에 보존하고 있다.

셋째 아들 현철을 안고 있는 영랑 (1939년).

15 _ 자식에게는 호랑이 같았던 아빠

1944년 봄, 필자가 초등학교 3학년 무렵의 일이다. 생후 단 한 번도 화투짝을 구경한 적이 없는 데다 화투라는 단어조차 들어 본 적이 없었던 차에 학교에서 귀가 중 친구 집에 잠깐 들렀다가 친구의 책상 위에서 화투짝을 보았다.

처음 보는 그림이라 친구에게 "뭔데 이렇게 예쁘지?" 하고 물었다. 친구는 "응, 화투의 공산이라는 거야. 갖고 싶으면 가지고 가"라고 했다. 필자는 좋아하며 화투를 가져와 책상 위에 올려 놓았는데 공교롭게도 아버지 영랑 시인의 눈에 띄었다.

뒤에 알게 된 일이지만 영랑 자신이 평생 화투짝을 모르고 살아왔는데 어린 아들놈 책상 위에 화투짝이 있다니!

화가 난 영랑은 이게 어디서 났느냐고 어린 아들을 다그쳤다. 아버지가 왜 화를 내는지 그 이유를 알 길 없는 아들은 사실대로 말씀드렸다. 영랑은 아무런 설명도 없이 "두 번 다시 이런 것에 손을 대면 안 된다"고 어린 아들에게 불호령을 내리면서 화투짝을 활활 타는 아궁이 불 속에 집어 던졌다.

　그 후 자식들은 하나같이 환갑, 고희가 지나도록 화투짝 순서조차 모르는 바보들이 되었다.
　그러던 어느 날, 필자는 묵은 사진첩을 뒤지다가 아버지에게 안겨 있는 자신의 모습을 발견하고 눈을 의심했다.
　"내가 아버지에게 안긴 적이 있었나?"
　그 후 필자는 유독 그 사진을 보물 다루듯 애지중지했다.

　이렇게 형제들이 아버지에게 안긴 모습을 담은 사진은 집안 어디에서도 다시는 찾아볼 수 없었기 때문이다.

　당시 우리나라의 풍속은 유교 전통의 영향으로 어른들 보는 앞에서 손을 잡는다든가 안아 주는 등 처자식에게 애정을 표현하는 것을 금기시했다.

***
16 _ 부친의 비석에 '조선인', 표지석에 '태극' 새겨

1943년 초, 중풍으로 병석에 누운 영랑의 부친(김종호)은 자신의 장례에 대비해 영면 관을 만들어 놓고 이어 비석과 표지석을 준비시켰다. 이때 비석의 비문에 '조선인'임을 밝히면 어떻겠느냐는 아들 영랑의 제의에 부친은 "나도 같은 생각을 하고 있었다"며 흔쾌히 받아들였다.

영랑은 남의 눈에 띄지 않도록 석공을 집에 기거시키며 곡식 창고에서 극비리에 비석을 완성했다. 비석에는 '조선인 김종호의 묘朝鮮人金鐘湖之墓'라고 새겼다. 이어서 봉분 앞과 상석 사이에 세울 표지석에 선명한 태극 문양을 새겼다.

① 영랑 부친의 묘와 묘비.
② 묘지 표지석에 새긴 태극 문양.

영랑은 부친이 돌아가실 때까지 창고 구석에 둔 비석과 표지석 위에 곡식 가마니를 얹어 겉에서는 안 보이도록 보안에 만전을 기했다. 만에 하나 일본 경찰이 알면 부자와 석공이 모두 붙들려 가야 하는 상황이었기 때문이다.

그러고 나서 1년이 지나 중증치매까지 겹친 부친이 1945년 9월 26일에 세상을 떠났다. 영랑의 부친은 자신이 운명하기 전에 조국이 광복되리라고는 꿈에도 생각하지 못했던 것이다.

영랑은 미리 마련해 둔 비석과 표지석을 곳간에서 꺼내 장지로 옮기면서 자식들에게 "가장 마음 아픈 것은 할아버지가 노망(중증 치매)이 드셔서 우리 조국이 광복된 기쁨을 모르고 돌아가신 것이다. 또 이렇게 광복될 줄 알았으면 비문에 '조선인'을 넣을 필요가 없었는데 이제 와서 다시 비문을 고치기도 그렇구나"라고 했다.

***

17 _ 광복의 날! 강진군 내에
태극기 보급, 국악 연주로 애국가를

제2차 세계대전의 전황이 날로 일본군에 불리해지면서 영랑은 방송(당시는 경성방송국, 호출부호 JODK, 현재 서울중앙방송 HLKA=KBS)을 들으려고 뉴스 시간이면 라디오에 매달렸다.

당시는 라디오 성능이 워낙 나쁜 데다 강진이 난청지역이었기에 찍찍거리는 잡음 때문에 아나운서의 말이 제대로 전달되지 않았다. 영랑은 그때마다 귀를 라디오에 바짝 대고 잡음 속에서 뉴스를 추려 듣느라 애를 썼다.

일본이 패망하면 만 35년 만에 한국은 일제의 쇠사슬에서 풀려나 독립국가로 다시 일어서는 오랜 꿈이 실현될 날이 다가오고 있음을 영랑은 누구보다도 잘 알고 있었기 때문이다.

드디어 일본 천황이 떨리는 목소리로 항복 선언문을 낭독하는 뉴스가 보도됐다.

아! 우리 삼천만(당시 남북한 인구) 민족이 꿈속에서마저 기다리던 조국 광복의 날이 오다니! 이게 생시인가 꿈인가?

뉴스를 듣고 영랑은 감격의 눈물을 흘림과 동시에 자식들이 옆에 있는 것도 의식하지 않은 채 큰 소리로 만세를 불렀는데 그때 시뻘겋게 상기된 아버지 영랑의 얼굴이 80년이라는 긴 세월이 흐른 지금에도 눈에 선하다.

그러고서 영랑은 갑자기 사랑채 골방으로 들어가 문갑 깊숙이 숨겨 놓았던 태극기를 꺼내더니 자식들에게 보이며 "이것이 우리나라 국기다. 우리 강진 사람들에게 나눠주기 위해 이 태극기를 보고 백지에 크레파스로 몇 십 장이건 되는 대로 그려라"하며 재촉했다.

이렇게 그린 태극기들이 강진 군민들의 손에 쥐어졌다. 이튿날, 국악기를 다룰 줄 아는 분들이 영랑생가 사랑채로 하나둘씩 모이기 시작했다.

영랑 생가 사랑채에서 국악 연습 중 기념촬영한 강진 국악 동호인들 (1927년).

20여 명의 악사들은 영랑이 사랑채 벽장에서 꺼내 주는 북, 장구, 꽹과리, 징, 거문고, 가야금, 아쟁, 해금, 양금, 피리, 퉁소 등 자신이 다룰 줄 아는 악기들을 각자 하나씩 받아 자리에 앉았다.

여름철이라 창문들을 천장 바로 아래 높이 매달아 사랑채 전부가 완전 개방된 넓은 방을 악사들이 빈틈없이 꽉 메웠다. 조금 있더니 풍악 소리가 터져 나왔다.

안익태 선생이 작곡한 현재의 애국가(1948년 이후부터 애국가로 사용하고 있다)가 아니라 광복 직후 1947년까지 애국가로 연주됐던 곡으로, 연말이면 연주하는 스코틀랜드 옛 노래 〈이별의 노래(올드랭사인=Auld lang syne)〉로 더 잘 알려진 곡이었다.

그때 영랑의 어린 자식들은 이분들이 사랑채에서 고작 1년에 한두 번 정도 연주한 것이 전부인데 사전 연습도 없이 즉석에서 끝까지 애국가를 연주하는 것을 보며 감탄했다.

악사들이 모두가 한마음이 되어 조국의 광복을 한껏 기뻐하면서 신들린 사람들처럼 연주하던 모습이 지금도 잊히지 않는다.

***

18 _ 민심 파악에 서툴러
　　국회의원 선거에서 낙선

일제 치하에서 민족 저항시와 서정시로 울분을 달래 오던 영랑은 광복이 되자 새 조국 재건사업에 일익을 담당하길 열망했다.

자신의 애국열을 불태우려면 중앙 정치 무대에 서야 한다고 느낀 영랑은 1948년 5월 초대 제헌국회의원 후보로 나갔으나 민심 파악에 실패, 낙선하고 말았다.

서울의 친척이, 당시로선 아주 드물게 자가용 자동차를 가지고 있었는데, 그 차를 내려 보내 선거운동에 활용하도록 했다. 유권자의 8할을 차지하는 농민들을 대변해야 할 국회의원 후보가 자가용 차를 타는 등 초호화판으로 놀다니!

평소 영랑을 좋아했던 농민들도 순회강연장에 차를 타고 나타나는 영랑을 보고 반발심이 생겼다. 결국 후보자 4명 중 3등, 가장 인기를 못 끈 후보 중 하나였다.

또 하나, 영랑이 낙선의 고배를 마실 수밖에 없었던 큰 이유는 선거 전략의 패배였다. 경쟁 후보의 장남이 장래가 촉망되던 보성전문(현, 고려대 전신) 재학생이었는데, 부친의 선거운동을 돕고자 웅변에 능한 학우들을 8명이나 동원해서 강진군 내 각 면에 배치했다.

이들이 '영랑 낙선'을 목표로 연일 농민들에게 "자가용을 타고 다니는 부자를 당선시켜서는 안 된다"며 선거운동을 계속했으니 혼자서 유세하던 영랑이 무슨 수로 당하겠는가.

✱✱✱
19 _ 자식들에게는
"문학을 전공하지 말라"

장녀가 이화여전(현 이화여대) 가정학과를 택했을 때 아버지 영랑은 반대하지 않았다. 그 후 장남이 대학에 진학할 때 국문학을 선택하자 이렇다 할 설명도 없이 무조건 반대했다.

이어 자식들에게 대학 진학 때 무슨 과를 택하든 반대하지 않겠지만 문학만은 피하라고 했다. 영랑 자신은 넉넉한 유산 덕분에 평생을 하고 싶은 일을 다 하고 살아왔지만 자식들은 이제 유산도 얼마 남지 않은 터에 자활의 길을 열어 주지 않으면 안 된다고 생각했으리라.

그러나 피를 속일 수는 없었던지 자식들은 하나같이 문학에 관심을 가졌다.

그러자 영랑은 한 발짝 물러서서 대학에서 문학을 전공하는 것까지는 이해하지만 문학을 전업으로 삼아서는 안 된다고 강조했다.

5형제 중 가장 미남인데다 고등학교에서 영어에 특출한 재능을 보인 둘째 현국(1932~2005)이 대학입시 공부를 할 때 영랑은 아들에게 외교관으로 진출하라고 권유했다.

그러나 6·25전쟁이 일어나 둘째는 외교관의 길을 접고 육군 보병 장교로서 육군본부 공보실에 근무했다. 1960년 어느 날 라이만 렘니처 미 육군 참모총장이 용산에 있는 육군본부를 방문했을 때 수많은 통역 장교들을 제치고 렘니처 대장의 통역관으로 발탁되기도 했다.

이러한 영어 실력 덕분에 둘째는 이 세상을 떠나기 직전까지 20여 년간 뉴욕 대법원 통역관으로 활약했다.

또 넷째 현태(1938~2004)는 프랑스 문학을 전공하고 공군사관학교, 이화여대, 연세대, 단국대 등에서 불문학을 강의, 정년퇴직 때까지 교단에 섰고, 모파상Maupassant의 소설 등 20여 권을 번역했다.

영랑은 얼마 후 자식들에게 문학 전공을 반대했던 이유를 다음과 같이 설명했다.

"문학을 생활 수단으로 삼고 있는 이른바 전업 문인들 중, 생활비를 제대로 벌어들이는 분들은 전체 문인 중 1%가 채 안 된다. 그것을 알면서 자식들에게 문학을 전업으로 삼으라고 권할 부모가 있겠느냐?"

이 말을 하며 영랑은 씁쓰레 웃었다.

그 자리에서 영랑은 문학 작품으로 제법 수입을 올리는 두어 명과 생활비를 근근이 충당하고 있는 문인들 몇 명을 손꼽았지만 그나마도 대중들이 좋아하는 글을 쓰는 소설가만 있을 뿐 시인은 단 한 사람도 없었다.

영랑은 비록 문학을 전공하더라도 문학 활동은 부업으로 삼고 생활을 위해서는 반드시 가르치는 직업이나 다른 직장이 있어야 한다고 강조하면서 문인들 중 수입이 있는 분들은 거의 학교나 신문사, 잡지사, 방송사 등에서 근무하고 있다고 말했다.

영랑은 시문학을 전공한 데다 항일 경력 때문에 광복의 그날까지 이렇다 할 직장을 갖지 못했다. 정확히 말해 생후 첫 직장이 생긴 만 46세(47세에 별세)가 될 때까지 수입이 없이 지냈으니 생활이 안 되는 문학을 전공한 것을 얼마나 후회했겠는가!

80년이 지난 오늘의 현실도 문학 또는 다른 분야의 예술을 전업으로 삼아 여유롭게 생활하고 있는 예술인들의 수는 극소수를 면치 못하고 있으니 안타까운 현실이다.

서울로 이사한 직후, 신당동 자택에서 찍은 가족사진 (1949년).

***
20 _ 좌익 테러 위협과
　　자식들 교육 위해 고향 떠나 서울로

전 국민이 손꼽아 기다리던 조국 광복의 날이 밝자, 강진에도 군민 안전과 조국 새 정부 촉진을 목적으로 한 '대한청년단'과 '대한독립촉성회' 그리고 새 정부의 경찰이 파견될 때까지 치안을 유지할 '치안대' 등 단체들의 지부가 결성되면서 영랑은 청년단장, 촉성회의 선전부장 그리고 치안대 고문직을 맡게 된다.

당시 전국 어느 지역이나 마찬가지로 강진 지역도 좌익계의 활동이 활발해서 우익 인사들을 기습, 살해하는 사건 등이 빈번했다.

그러던 어느 날 강진읍 목리 출신의 차형환 청년단 간부(1917~1968, 영랑에 이어 2대 청년단장 역임) 등 청년들이 단장인 영랑을 경호하던 중 생가의 안채와 사랑채 뒤 대밭에서 누군가가 일부러 갖다 놓은 방화용으로 의심되는 상당량의 누더기와 낡고 해진 옷가지 등을 발견하고 이를 경찰에 신고, 방화용임을 확인했다.

그리고 경찰은 방화사건을 예방할 방법이 없기 때문에 24시간 청년단원들을 집 주변에 배치해서 경계를 늦추지 말아야 한다고 강조하면서 경찰이 안전을 보장할 수는 없다고 경고했다.

청년단원을 24시간 집 주변에 배치한다는 것도 거의 불가능한 처지였다. 결국 영랑은 신변 안전에 불안감을 갖게 되면서 그토록 아끼던 향리를 떠날 수밖에 없는 때가 왔음을 통감했다.

항일투쟁 대가로 평생 무직자 생활을 영위하던 영랑은 이미 가세가 기운 마당에 장남, 차남이 서울에서 같은 학교에 재학 중 3남까지 형들과 같은 학교로 입학하게 됨에 세 아들의 하숙비 또한 부담이 되었다.

일제 강점기 때도 그랬지만, 광복 직후부터는 부쩍 서울에 있는 문인들이 영랑에게 "광복도 되었는데 시골에서 무얼 하나? 이제 그만 서울로 올라와 새나라 건설에 힘을 모으세나" 하면서 상경을 부추겼으나 그때마다 못 들은 척했던, 그토록 떠나기 싫었던 사랑하는 고향을, 이제는 떠나지 않을 수 없는 지경에 몰린 것이다.

영랑은 며칠을 두고 잠을 설치더니 끝내 서울로 이주하기로 결심했다. 그러고서 불과 한 달, 서울에서 살 집을 마련하기 위해 얼마 남지 않은 전답 등 전 재산을 헐값에 정리한 뒤 가족을 데리고 고향을 떠난 것이 1943년, 필자가 중학교에 입학(당시는 9월 1일)하기 직전인 여름날이었다.

영랑이 얼마나 고향을 사랑했는지 그의 수필 「감나무에 단풍 드는 전남의 9월」의 일부를 인용해 보자.

"…… 감이 단풍 들어 붉었구려 …… 동백이 십자로 쫙 벌어지면 까만 알맹이 동백이 토르륵하고 **빠져** 쏟아지는데 풀 위에 꿈을 맺는 이슬같이 구르지오 …… 그 알이 어쩌면 그렇게 고담(속되지 않고 아취가 있는. 편집자 주)한가! …… 달빛이 희고 천지의 오묘하고 신비함이 이 밤 그 나무 그늘 밑에 있는 듯 싶습니다 …… 은행이 17년 만에 세 알 열리고 …… 천관산 – 흰 수건 쓴 호랑이 돌아다니시고 그 산 밑에 청자기 굽던 자리가 있습니다."

이 글이 발표된 해가 1938년. 그리고 30년의 세월이 흘러 1968년 강진군 대구면 사당리(현재 청자 박물관 자리)에서 고려 때(12세기)의 청자가 발굴되어 엄청난 화제를 몰고 왔으니 영랑은 이미 이 자리가 청자 도요지였음을 고사를 통해 알고 있었던 것이다.

1960년대에 유가족을 찾았던 영랑의 친우 이헌구(문학평론가)는 "영랑이 가끔 고향을 말할 때면, 옛날엔 도자기뿐 아니라 기와까지 구워서 지붕을 청자기와로 단장하고 살던 곳이라고 자랑했다"면서 "그때까지는 강진이 옛날에 그렇게 멋진 곳인 줄을 몰랐다"고 말한 적이 있다.

21 _ 자작시 낭송 때는 너무도 수줍었던 사람

    1949년 초가을, 영랑의 나이 46세 때, 한국 시문학 사상 가장 성대했던 자작시 낭송대회가 서울 명동의 문예 빌딩(모윤숙 시인 소유)에서 열렸다. 수십 명의 유명 중견 시인이 참석한 이 자리에서 시인들은 저마다 자작시 한 편씩을 멋있게 읊었다.

    이날의 프로그램에 따라 영랑의 차례가 오자 동료 후배 시인들은 '찬란한 슬픔'이라는 전례 없는 이중 모순적인 새 시어를 만들어서 인생의 생과 멸에서 오는 슬픔을 초극해 보자는 인생시「모란이 피기까지는」을 읊을 영랑에게 많은 기대와 관심을 가졌었다고 한다.

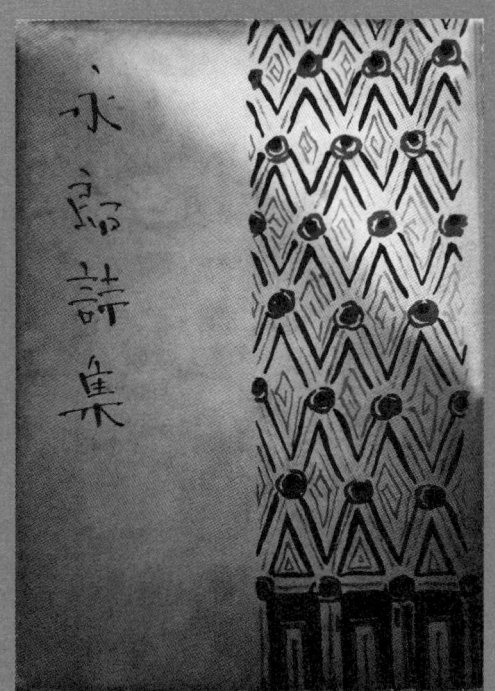
1935년에 나온 첫 번째 시집 『영랑시집』.

그런데 정작 멋있게 흘러 나오리라고 잔뜩 기대했던 참석자들은 영랑의 시낭송을 듣고 실망을 금할 수 없었다. 참석자들이 여기저기서 소곤대느라 장내가 웅성거렸다. 그 멋있는 시를, 감정은커녕 중학생이 남의 시를 처음 대하듯이 더듬거리며 읽었던 것이다.

그리고 영랑은 낭송을 다 마치고 아무 일도 없었다는 듯 단에서 내려와 시인들이 자리한 좌석 사이 통로를 통해 뒤쪽 자기 자리로 걷기 시작했다. 앞자리에 앉아 있던 당시 31세의 청년 시인 황금찬은 영랑이 앞으로 지나가자, "선생님, 그 멋있는 시를 어떻게 그리 읊으십니까?" 하고 핀잔 섞인 질문을 던졌다.

이에 영랑은 수줍은 표정을 짓더니 "글쎄, 내 시를 어떻게… 나이가 들어가면서 잘 안 되네" 하며 변명을 했다.

이어서 뒤쪽으로 가는데 또 청년 시인 박목월(1916~1978)도 한 마디 던졌다.

"아이고 참, 선생님도. 아니 그 멋진 시를….'

말이 끝나기도 전에 영랑은 "이 사람아, 무無멋이 멋이야. 그런데 내 시를 어떻게… 겸연쩍어서 원…" 하며 낯을 붉히더라고 훗날 박목월 시인이 웃으면서 유가족에게 전해주었다.

육중한 외모와는 달리 영랑의 내심은 이렇게 수줍음이 많았다. 황금찬 시인은 타계하기 7년 전인 2010년 가을 서울 혜화동 다방에서 필자와 마지막 만났을 당시, 영랑 시인과 직접 대화를 나누었던 유일한 생존 시인으로, 시낭송 때부터 "60여 년이라는 세월이 흐른 지금도 그때의 일이 어제처럼 기억이 새롭다"고 했다.

이 낭송대회가 끝난 후 청년 시인들과 차를 한 잔씩 나누면서 영랑은 "멋있는 시인이 돼야 한다"고 후배들을 격려해주었다고 한다. 황금찬 시인은 영랑 선생이야말로 아주 멋있는 시인이었다고 회고했다.

황금찬 시인은 자신과 가까이 지낸 박두진 시인 같은 중진 문우들과 어울릴 때는 이구동성으로 "한국 시단에서 영랑을 능가할 시인이 없다"고 주장하면서 "만일 아니라고 하는 자가 있으면 공개 토론을 해보자"라고 할 만큼 영랑의 적극적인 팬이었다.

필자가 황금찬 시인을 못 잊는 것은, 10여 년 전에 뵈었을 때 "사람들은 「모란이 피기까지는」이 영랑 시인의 대표작이라고들 말하지만 그건 초기 시만 읽은 사람들이다. 조국 해방 직후 나온 「바다로 가자」를 알면 바로 이 대작이 대표 시임을 알게 된다"고 역설, 필자를 새롭게 눈을 뜨게 한 분이었기 때문이다.

***
22 _ 생후 46년 만에 얻은 첫 직장

광복 후 대한민국 초대 대통령 이승만의 공보비서관이 바로 영랑의 친구인 김광섭 시인이었다.

이분은 영랑을 만날 때마다 인재난을 한탄하면서 정부에 들어와 새나라 건설에 힘을 모아 줄 수 없겠느냐고 여러 차례 권유했다.

그가 제안한 자리가 공보처 차장과 출판국장이다. 실제로 일제가 35년 동안 한반도를 강점한 탓에 새 정부가 고위 공무원직을 채울 인재를 찾기가 쉽지 않았다.

영랑 부부의 막내딸 애란과 신당동 집 앞에서 (1949년).

며칠간 친구의 권유를 놓고 고민한 끝에 영랑은 "내 나라라면 어떤 직책인들 봉사하지 못할 이유가 있겠느냐"며 때마침 차장 직을 바라던 당시 막역한 친구였던 모 씨에게 그 자리를 양보하고 자신은 출판국장을 맡기로 결심했다.

끈질긴 항일 자세 때문에 일제의 미움을 사서 평생 제대로 된 직장 한번 갖지 못했던 영랑은 이렇게 해서 생후 46년 만인 1949년 가을에 첫 직장을 갖게 되었다.

***
23 _ 대중가요는 한 곡도 못 불러

영랑의 출판국장 취임을 축하하는 야유회가 출판국 직원들 주최로 당시 유원지였던 뚝섬 광나루에서 열렸다. 지금은 서울의 복판이 됐지만, 당시에는 자연 그대로의 강과 널따란 흰 모래밭이었다.

전 직원이 수영과 게임으로 야유회를 즐기는데 한국 사람들이 모이면 노래하기 마련, 이 자리에서도 직원들부터 노래(유행가=대중가요)가 시작되었다.

한동안 시간이 흘러 과장급 직원이 영랑에게 "국장님 노래 한번 듣는 게 전 직원들의 소원"이라며 노래 한 곡을 청했다.

영랑은 눈을 지그시 감고 노래를 부르기 시작했는데, 예상했던 대중가요가 아니라 직원들에게는 생소한 황진이의 시조 '청산리 벽계수야…'가 흘러나왔다. 주로 사대부나 선비들이 즐겨 부르던 점잖은 평시조 시조창이었다.

그 순간 즐거웠던 분위기는 찬물을 끼얹은 듯 사라지고 대중가요를 들을 때와는 판이하게 엄숙하고도 무거운 분위기로 바뀌었다. 직원들은 한 사람도 움직이지 않고 이 '지루한' 시조창이 끝나길 기다렸다.

대중가요로 모두가 즐기는데 갑자기 가곡이 나오면 분위기가 확 바뀐다고들 하는데 가곡보다도 더 무거운 우리 시조창이었으니 이런 경우는 판을 완전히 깨고도 남는 것이었다.

일제 말, 조선인들에게 '유행가' 등을 보급, 우리 본래의 넋이 스며있는 국악은 멀리하도록 세뇌한 결과였다. 영랑은 평소에 살아 온 세계가 그러했고 대중가요로 남과 어울려 본 적이 단 한 번도 없었으니 그러한 자리에 어울리는 분위기까지 헤아릴 줄은 몰랐던 것이다.

영랑이 평소 심취했던 음악은 서양 고전과 국악이 전부였고, 그 많은 레코드판 중 대중가요는 한 장도 없었다. 그 흔한 〈타향살이〉, 〈목포의 눈물〉, 심지어 가곡 〈봉선화〉조차 몰랐던 영랑이었다.

직원들은 이날 신임 국장님과 야유회에서 게임도 하고 노래도 부르면서 서로의 거리를 좁히고 보다 친밀한 관계를 맺길 희망했으리라. 그러나 국장님의 시조창이 나오면서 애당초 직원들이 가졌던 희망은, 함부로 가까이 대할 수 없는 대상으로 바뀌었고, 그 후 직원들이 국장을 대하는 자세는 지나치게 엄숙한 것이 되고 말았다.

눈이 아직 녹지 않은 경복궁 경회루 연지에서 시상에 잠긴
공보처 출판국장 시절의 영랑 (1949년 겨울)

***
24 _ 직원들이 두려워한
유일무이한 한복 공무원

    영랑이 이승만 정부에서 근무할 때였다. 당시 필자인 셋째와 넷째(서울중) 아들은 중앙청(현 경복궁 내의 철거된 옛 조선총독부)에서 가까운 학교에 재학 중이었다. 그래서 집으로 돌아갈 시간이 아버지의 퇴근 시간과 비슷할 때면 중앙청에 들러서 아버지 영랑의 전용차로 함께 신당동 집에 돌아가곤 했다.

    중앙청 안에서 이 중학생들의 눈에 비친 아버지 영랑의 복장은 다른 공무원들과는 딴판이었다.

다른 분들은 전부 양복을 입고 출근하는데 유독 영랑은 하루도 거르지 않고 외출용 한복을 입었다. 안에는 흰 바지 저고리, 겉은 언제나 흰 동정에 짙은 밤색 두루마기였다. 당시 중앙청은 친일파 숙청을 못 한 채 옛 조선총독부의 친일 공무원들을 거의 그대로 대부분 재임용했다.

그래서 이들은 항일 경력으로 형무소에 다녀온 데다 민족 항일시인, 그리고 그에 알맞음 직한 한복 차림만을 고집해 온 영랑을 존경하면서도 한편으로는 두려워했다.

영랑의 한복을 이삼일에 한 번씩 빨고 말리고 다리미질을 해야 했던 부인 안귀련은 자식들 뒷바라지에 남편 수발까지 한가할 날이 없었다.

***
25 _ 경무대의 대형 일본 병풍을 치우게 하고

영랑이 중앙청에 근무하던 당시, 경무대(현 청와대) 이승만 대통령 집무실에 들른 적이 있었다. 영랑의 눈에 비친 대통령 집무실의 모습은 한마디로 가관이었다.

일본의 유명한 금각사를 그린 대형 병풍이 대통령을 에워싼 뒷벽 전면을 장식하고 있었다. 크게 실망한 영랑은 이 대통령께 "각하, 저 병풍은 일본의 유명한 금각사 그림인데 어찌 대한민국 대통령 집무실에 저런 것을 놓아둘 수 있습니까? 외국 사절들이 볼까 두렵습니다"라고 못마땅하다는 듯 발언을 했다.

이때 이승만은 충격을 받은 듯 눈을 크게 뜨며 말했다.
"아니, 저게 일본 사찰 그림이란 말인가? 누가 그런 말을 해 줘야 내가 알지! 당장 치우도록 사람을 부르게!"

미국에서 주로 살았기에 이런 걸 전혀 알 길 없었던 이승만에게 아첨밖에는, 바른말을 해주는 사람이 한 명도 없었던 것이다.

이렇게 온통 '예스맨'들에게 둘러싸여 독재 체제를 굳혀가던 이 대통령을 보면서 영랑은 적잖게 실망을 해오던 터였다. 후에 알려진 사실로는, 이 그림은 일본 마지막 총독 아베 노부유키의 집무실에 있었던 일본의 국보급 미술품이었다고 한다.

***
26 _ 친일파에 너그러웠던 영랑

평소 동료 문인들로부터 대인관계가 부드럽고 신의가 있다는 평을 들었던 영랑이 드디어 고향을 떠나 서울로 이사하자 차차 영랑 자택(신당동 290-74)을 찾는 문우의 수가 늘어갔다. 여기에는 어느 친구의 집보다 이 집의 술안주와 음식 맛이 뛰어나다는 이유도 있었다고 문우들은 인정한다.

박종화(소설가), 이헌구(문학평론가), 서정주(시인), 박목월(시인), 이하윤(해외문학 번역시인), 김광섭(시인) 등 중량급 문인들이 드나들자, 당시 대학생이던 영랑의 맏아들 현욱은 엄하기 짝이 없는 아버지께 다음과 같이 조심스러운 질문을 드렸다.

"아무개 선생은 친일 문인으로 알려져 있는데 아버지께서 그런 분과 교류를 하셔도 좋습니까?"

대강 이러한 내용이었다.

자식의 말이 옳다는 듯, 고개를 끄덕이면서 영랑은 조심스럽게 입을 열었다.

"네 말의 뜻은 알겠는데, 일제 강점기에는 그들에게 협력하지 않고서는 제대로 먹고살 수 없는 처지인 사람들이 대다수였다. 그런 점을 참작해서 악질 친일파가 아니라면 인재가 태부족한 현실이니 조국의 새나라 건설에 일꾼으로 일할 기회를 주어야 하지 않겠느냐?"라고 했다.

훗날 필자는 미당 서정주의 시를 탐독 후 우리 청년들을 세뇌, 일본군에 자진 응모하도록 글을 썼고, 심지어 5·18 광주 민주항쟁 무력 탄압 주범 전두환을 찬양하는 글까지 지어 바친 자세에 크게 실망, 후배 미당을 너무 사랑해서 온 선친의 편견이었음을 알았다.

***
27 _ 주변을 놀라게 한 과격한 성격

  친구들과 어울릴 때는 항상 상대방의 이야기를 귀담아듣고 나서야 조용히 입을 열어 자신의 의견을 제시했던 신사, 틈만 나면 조용히 고전음악 감상에 눈을 지그시 감고 심취했던 선비, 술에 취해 기분이 좋을 때면 양팔을 들어 덩실덩실 춤을 추면서 오페라 아리아를 즐겨 부르던 한량, 누가 이런 영랑에게 과격한 면이 있을 거라고 생각이나 하겠는가?

  1950년 1월 어느 날, 국방부 정훈국(국장 이선근) 측이 문인들에게 군가 가사를 만들어 달라고 요청하는 술자리가 충무로 어느 술집에서 열렸다.

당시 문인 10여 명이 함께한 자리에서 이승만 대통령의 공보비서관이던 시인 김광섭은 "한글 맞춤법 중 '없다'를 그냥 발음 나는 대로 '업다'로 쓰는 게 좋으며, '한글 맞춤법 통일안'은 폐지돼야 한다"라는 당시 이승만 대통령의 독선적인 주장을 앵무새처럼 되풀이해 가면서 강조했다.

이 내용은 1933년 당시 '조선어학회'가 발표한 '한글 맞춤법 통일안'이 잘 되어 있어서 이미 국민들 사이에 널리 보급된 후였기에 지식층에서는 이승만의 주장을 역겨워하고 있었다.

그럼에도 이 자리에 있던 다른 문인들은 대통령의 주장을 끈질기게 대변하는 비서관의 말에 토를 달아서 유익할 게 없다고 생각했던지 입을 다문 채 꿀 먹은 벙어리 노릇을 했다.

그러나 영랑은 친일파 숙청을 위한 국회 내 '반민족행위특별조사위원회'에 대한 이승만의 친일파 옹호 자세 등 독선적 행동에 불만을 품고 있던 터라, 김광섭 공보비서관의 무조건 대통령 추종 언행이 역겨워 그만 폭발하고 말았다.

영랑은 머리끝까지 화가 났던지 얼굴을 붉히며 벌떡 자리에서 일어나 "나는 맞춤법 통일안 폐지에 무조건 반대다, 이유 같은 건 설명할 가치도 없다"는 말과 동시에 자기 앞의 술상을 순식간에 엎어 버렸다.

옆에 앉아 있던 문인들의 옷에 음식물이 튀고 엎어진 음식들로 방 안은 수라장이 되었다. 그 바람에 이날 술자리는 완전히 흥이 깨져 모두 자리에서 일어서고만 일은 문인들 사이에 다 알려진 사실이라고 훗날 시인 박목월이 전했다. 강자의 눈치도 안 보는 순수하고 순정적인 영랑의 모습을 읽을 수 있는 대목이다.

이 사건이 있기 훨씬 앞서 '한글 맞춤법 통일안'이 공포된 직후인 1934년 봄에도, 서울 종로2가의 일류 요릿집이던 국일관에서 이와 똑같은 일이 벌어졌다. 이 자리에서 문인들은 몇 달 전 조선어학회가 발표한 '한글 맞춤법 통일안'이 너무 까다롭고 불편하다며 티격태격하다 일어난 일이었다고 이하윤 시인(번역 시인)이 영랑 유가족에게 전해 준 일화다.

아직 한글 맞춤법에 생소한 많은 문인들은 "그냥 소리 나는 대로 쓰면 되지 맞춤법을 만들어 복잡하게 할 필요가 있느냐?"며, 여러 예 중 특히 '가튼 것'을 '같은 것'으로 표기하는 것에 강한 불만들을 쏟아 놓았다.

그러나 유독 영랑만은 한글 맞춤법에 적극 찬성했다. 영랑은, "전문가들의 의견을 존중하자", 또 '같은 것'은 '가튼 것'으로 쓰는 것보다 훨씬 합리적이라면서 열을 올렸으나 문우들이 알아듣지 못하자, 영랑은 "에잇!" 하면서 비호처럼 벌떡 자리에서 일어나더니 음식으로 가득 차려진 교자상을 엎어 버렸다.

이러한 내용을 알고 있는 문인들에게는 영랑의 이미지가 '과격파'일 수밖에 없었다. 1950년 1월의 충무로 술집 사건이 있고 나서 3개월 뒤 영랑은 취임한 지 겨우 7개월여 만에 출판국장직을 사퇴했다.

1년도 못 채우고 직장을 그만둔 이유는 이승만이 미국에서 데려왔다는, 영랑의 직속 상사인 이 모 공보처장이 국장 전결 사항까지 일일이 간섭하면서 영랑의 자존심에 상처를 주었기 때문이다.

또 다른 이유로는 그동안 '국부(나라의 아버지)적 존재'로 믿었던 이승만 대통령의 친미와 친일 자세가 지속되는 사실에 지난날의 존경심이 실망과 반감으로 뒤바뀐 점 등이 크게 작용했다.

순수서정시인, 항일민족 시인이었던 영랑은 조직 사회에서 윗사람에게 잘 보이고 아부도 해야 하는 출셋길 같은 것에는 무지해도 너무 무지했던 것이다.

망우리공동묘지 석영 안석주 선생 장례식에서.
본인의 죽음을 예언한, 지인들과 모꼬지의 영랑.

***
28 _ 자신의 죽음을 예언하다

악성 베토벤은 말년의 작품 〈현악 사중주 130번곡〉으로, 또 모차르트는 자신의 죽음으로 작곡을 중단한 '레퀴엠'을 통해 각각 죽음을 암시했던 것으로 사가들은 전한다.

그러나 그건 어디까지나 상황을 꿰뚫어 본 사가들의 추측일 뿐, 베토벤도 모차르트도 자신들의 입으로는 죽음이 닥쳐오고 있다는 말을 직설적으로 발언한 즉이 없다.

그런데 영랑은 문우의 죽음 앞에서 "다음은 내 차례일세"라고 분명히 자신의 죽음을 예언했고, 그 말대로 7개월 후 유명을 달리하여 문우들을 놀라게 했다.

1950년 6·25가 터지기 4개월 전인 2월 어느 날, 영랑의 휘문의숙(현 휘문중·고교) 2년 선배이자 시나리오 작가인 석영 안석주(1901~1950, 〈우리의 소원〉의 작사가, 작곡가 안병원의 부친)가 젊은 나이에 세상을 떴다.

이날 서울 교외 망우리의 장지(현 망우역사문화공원)에서 영면 관을 마지막으로 묻고 떼를 입힌 후, 문우 10여 명이 묘에 둘러앉아 소주 한 잔씩을 기울이며 고인의 회고담으로 꽃을 피우고 있었다.

이때 난데없이 한 분이 "자! 우리 중에 석영을 따라서 이 세상을 하직해야 할 다음 차례는 누군가?" 하고 질문을 던지자 좌중은 숙연해졌다.

한동안이 지나고 처음이자 마지막으로 무겁게 입을 연 문우는 바로 영랑이었다. 영랑의 입에서는 뜻밖에도 "다음은 바로 내 차례일세"라는 말이 흘러나왔다.

이 말을 들은 문우들은 모두 평소 건강이 충실한 영랑인지라 농담으로 받아들였으나 농담이라 하기에는 그의 표정이 너무도 진지했다.

그 일이 있은 지 7개월 후인 9월에 영랑은 자신이 예언한 대로 세상을 떴다. 그제야 현장에 있었던 문우들은 입을 모아 "영랑이 농담한 게 아니었어!" 하고 바로 엊그제 일만 같은 영랑의 예언을 회상했다며 훗날 이헌구 평론가가 유가족에게 전했다.

***
29 _ 납북은 면했으나 끝내
　　　서울 탈환 작전 중 유탄에 쓰러지다

　　이승만 대통령의 결사반대를 무시하고, 미국은 1948년 전투기 한 대도, 탱크 한 대도 없는 그야말로 방위 태세가 전혀 갖춰지지 않은 우리 국군에게 국토방위의 임무를 맡긴 채 남한에서 주한미군 병력을 일본으로 완전 철수시켰다.(『한국전쟁비화』 1권, 안용현 저)

　　1949년 3월, 북한의 대남 침략을 위한 엄청난 군비 증강 실태를 너무도 잘 알고 있던 맥아더 장군(당시 미극동군사령관)이 '미 극동방어선에서 한국이 제외된다'는 내용을 암시하는 기자회견을 했고, 이어 1950년 1월에는 애치슨 미 국무장관 역시 "미국의 극동방어선에서 한반도는 제외된다"고 공식 성명을 발표했다.

극비에 속하는 이런 군사기밀을 그것도 현지 미 극동군사령관과 미국의 국무부 장관이 전례 없이 전 세계에 대대적으로 공개하다니 군사, 전쟁 등에 조예가 깊은 당시 지식인들은 고개를 갸우뚱했다.

미국이 북의 남침 대비 국군의 무력증강을 일부러 외면했음이 드러난 것은 이어진 한국전쟁에 바로 미군들이 적극 참전한, 즉 미국의 극동방어선은 일본까지라는 '거짓 성명'은 결국 북의 남침 유도용 미끼였음이 드러났기 때문이다.

결국, 수개월 후인 6월 25일, 그간 남침준비를 마친 김일성은 미 두 거물의 성명을 듣고 이제야 적화통일이 가능해졌다고 확신하고, 탱크 242대, 항공기 200대 등을 포함한 어마어마한 군 장비를 총동원하여 전혀 준비가 되어 있지 않은 남한을 전면 침공, 교활한 미국의 미끼에 제대로 걸려든 것이었다.

북한군의 남침이 시작되자, 미국은 맥아더나 애치슨이 언제 그런 성명을 발표했느냐는 듯, '바로 김일성이 우리가 던진 미끼를 제대로 물었다'며 즉시 주일 미군을 출동시켜 전쟁에 개입했다.

미국의 민낯이 드러나는 순간이었다. 이후, 지금까지 북의 재남침 대비 한국이 고가의 미국 무기를 사들인 액수는 천문학적 액수가 아닌가! 바로 이게 미국의 계략이었던 것이다.

그 덕에 패전으로 아사자가 속출했던 일본은 경제 대국으로 성장해 버렸다. 어쨌건, 그나마 미국이 참전하지 않았더라면 부산까지의 북한군 점령은 시간문제였을 것이다.

그러나, 남한에서의 미군철수와 곧이어 나온 맥아더-애치슨 성명 같은 것이 애당초 없었다면 북의 남침도 그렇게 쉽게 결단하지는 못했을 것이다. 휴전 후 당국의 통계를 보면 3년간의 전쟁으로 시인 김영랑을 포함해서 남북한 군과 민간인 등 동포 약 400만 명이 희생을 당했다.

이렇게 미국과 북한은 우리 민족 역사에 씻지 못할 죄를 짓고 만 것이다.

북한 인민군이 파죽지세로 남진하자, 영랑은 사흘 후인 6월 28일 새벽, 서울 북쪽 창동까지 인민군이 들어왔다는 소식을 접하고 가족과 떨어져 밀짚모자를 깊이 눌러 쓰는 등 농부 복장으로 변장한 뒤 같은 신당동 402-4 소재, 영랑의 8촌

아우인 김현식 아우님(일본 메이지 대학 영문과 졸업, 강진읍 남성리 167 출신) 댁으로 피신했다.

인민군이 총부리를 들이대고 동네 청년들을 앞세워 영랑을 잡으러 자택으로 침입했던 것이 바로 서울 점령 뒷날인 6월 29일 새벽이었으니 영랑은 제때 피신했음이 분명했다.

영랑이 이미 도피하고 없자 인민군은 방안을 철저히 수색한 끝에 재봉틀 등 중요 가재도구는 물론 쌀 등 각종 식품 전체를 강탈해 갔다.
"쌀 한 톨도 안 남기고 가져가면 우리 식구들은 뭘 먹고 사느냐?"는 가족들의 울먹임에 이들은 "곧 공화국에서 배급을 줄 테니 걱정을 마라"라고 호통을 쳤다.

그러나 그런 일은 한 번도 일어나지 않았다. 한반도 적화통일 정책을 지지했던 남로당 계열의 각종 신문, 잡지, 주간지 등을 뿌리 뽑으려고 총력을 다 했던 대한민국 공보처 초대 출판국장 경력자니 북한측으로서는 당연히 영랑을 납북 우선순위에 두었을 것이다.

남하하지 못한 서울 시민들은 7·8월의 찜통더위와 불안한 정세로 숨을 쉬기조차 힘들었다. 영랑은 시국이 답답할 때마다, 후에 피란처로 합류한 아들들을 데리고 찬 폭포수가 쏟아져 내려오는 세검정으로 나가 남쪽으로 피란하지 못한 문인 몇 분과 피서 겸 상호 정보 교환을 위해 비밀리에 만났다.

　　이러한 만남을 통해 전쟁 준비가 전혀 안 된 국군의 상태에서 미군 완전 철수 감행, 맥아더-애치슨 성명, 북한군 남침, 예상 밖의 미군 출동 등 교묘하게 흘러가는 정세를 분석한 뒤, "서울은 반드시 수복된다. 그러나 병 주고 약 주는 미국을 더 믿어서는 안 된다"는 등의 결론에 이르러 그 자리에 모인 문인들끼리 공감대를 형성했다.

　　당시 각기 중학교, 고등학교, 대학교에 재학 중이던 영랑의 자식들은 이러한 문인들의 정세 분석을 귀동냥하고서야 6·25라는 동족 간의 전쟁이 어떻게 일어났는지를 알게 되었다.

또한 한일 강제병합 당시 '가쓰라-타프트 밀약'에 따른 미국의 역할이 우리나라에 어떤 영향을 주었는지도 훗날에 알게 되었다. 당시, 집에 곡식이 없어 영랑 아들들은 경기도 시골을 헤매며 식량을 구하느라 부모님과 며칠간 떨어져 있을 때였다.

9월 28일 서울을 **빼앗긴** 지 석 달 만에 국군과 유엔군이 북진을 계속한 끝에 드디어 서울 탈환 작전에 성공했으나 그간 벌어진 공방전의 피해는 컸다.

당시, 이 집 방공호로 피했던 이 집의 4남 현승(86세) 아우님이 12살 때의 일을 회고, 밝힌 내용에 따르면, 9월 23일 오후 늦게 이미 서울에 들어오기 시작한 한·미군과 북으로 퇴각하던 인민군은 서로 쉴 새 없이 서울 시내 민가에 포탄을 날려 희생자가 속출했다.

이때 영랑 부부와 어린 자식들도 친척집 식구들과 함께 이 집의 지하 방공호 속에 있었다. 그런데, 방공호가 없는 이웃 부인들이 쌍방군의 포탄을 피해 아이들을 데리고 이 집 방공호로 자꾸 몰려들었다.

차차 빈자리가 없어지자 영랑은 이들에게 자리를 양보하고 밖으로 나와 이 집의 둘째 아들(서울대영문과 재학)인 조카 현영과 대화하고 있었다. 바로 그때 방공호 가까이에 포탄이 떨어지면서 영랑은 복부와 다리에 포탄 파편이 박혀 중상을 당했다.

옆에 있던 현영 조카도 왼팔에 중상을 입었으나 생명에 지장은 없었다. 시내 의사들은 모두 군의관으로 전쟁터에 나가 버리고 군을 피해 조용히 숨어 있던 한 내과 의사를 만나 치료를 부탁했다.

내과 의사는 수술을 마쳤으나 복부 깊숙이 들어가 박힌 포탄 파편들을 제거하지 못했던지 결국 부상 6일 만에 복막염을 일으켜 영랑은 29일 낮, 만 47세를 일기로 생을 마감했다.

그나마 다행스러운 것은 영랑이 그토록 기다리던 태극기가 서울 시내에 다시 펄럭이는 모습을 확인한 후라는 사실이다.

***
30 _ 전쟁 중 약탈로
　　　유품 한 점 못 건진 유가족

　　1950년 말, 다시 무서운 추위(영하 13~18도)가 엄습하면서 인해전술로 밀고 내려오던 중공군과 인민군은 계속 서울을 향해 공격해 왔다.

　　1951년 새해가 밝으면서 유엔군과 국군은 1월 4일, 서울에서 다시 후퇴의 길을 택했다. 영랑 유가족도 중요한 책, 의류, 가재도구 등을 지하 방공호에 보관하고 그 위에 흙을 두껍게 덮어 방공호 자체가 안 보이도록 위장한 후 걸어서 꽁꽁 얼어붙은 한강을 건너 끊임없이 이어지는 피란 행렬에 섞여 남쪽으로 향했다.

1년 뒤 다시 서울이 수복되어 유가족이 서울 집으로 돌아왔으나 그 집은 옛날 살던 집이 아니었다. 지붕, 벽체, 기둥, 대문 말고는 아무것도 없었다. 심지어 마룻바닥까지 다 뜯어가서 완전히 폐가로 변해 있었다. 뒤쪽으로 돌아가 보니 방공호 위를 덮었던 흙이 옆으로 치워진 채 그 안이 훤히 들여다보였다. 역시 그 안에는 썰렁한 곰팡이 냄새뿐 아무것도 남아있지 않았다.

이렇게 해서 유가족은 1935년에 간행된 첫 시집 『영랑시집』 한 권조차 건질 수 없었다.

유가족은 전쟁으로 폐허가 된 집을 재건할 재정적 능력이 전무 했다. 전쟁 중이라 부동산 시세가 제대로 형성되지도 않았지만 생활 방도가 없어서 하는 수 없이 헐값으로 집을 정리하고 그 후 20여 년간을 셋방살이로 전전했다.

평생 처음 당한 가난으로 자식들 중 한 사람을 빼놓고는 대학을 6년에서 8년 걸려 마치거나 그도 못 해 중퇴할 수밖에 없었다. 전쟁 후 많은 국민이 그랬듯이 영랑 유가족에게도 이때가 전무후무한 가장 어려웠던 세월로 기억된다.

***
31 _ 박목월
"영랑 시는 우리나라 최고의 시"

    1966년 어느 날, 영랑이 가장 사랑했던 후배 중 한 분인 시인 박목월(1916~1978, 본명은 영종)이 문학 강좌 녹화를 위해 서울 문화방송MBC을 방문했다.

    이때 목월은 오랜만에 영랑의 셋째(당시 MBC 기자)를 만나 영랑 시에 관한 의견을 밝혔다. 당시만 하도 영랑의 시가 국민들에게 많이 알려지지 않았는데, 그래도 목월은 영랑의 시집이 많이 팔리지 않는 것을 의외로 받아들였던 것 같다.

    목월은 이런 말들을 했다.

"한 가지 이해가 안 되는 것은, 영랑시집이 아직 독자들의 관심을 많이 끌지 못한다는 것이네. 영랑 시는 우리 문인들 사이에서는 소월 시와 함께 가장 많이 읽히고 있는 우리나라 최고의 시인데, 서점에서는 아직도 찾는 사람들이 많지 않아 안타깝기 짝이 없네.

내 생각으로는 좀 더 시간이 흘러 독자들이 영랑 시의 진가를 알게 되면 소월 시 못지않게 영랑 시를 가까이하리라 확신하네. 시간이 흐르도록 내버려 둘 수밖에 없지."

"영랑 시가 다른 시인들의 시에 비해 국민들에게 너무 늦게 알려진 이유를 나는 이렇게 풀이하네. 첫째, 영랑 선생이 세상을 뜨기 2년 전까지 서울에서 살지 않고 시골 고향에 묻혀 산 데다 그분의 고귀한 결벽성 때문에 다른 문인들에 비해 중앙 언론의 스포트라이트를 받을 기회가 거의 없었다는 점이네. 둘째는 소월 시처럼 초등학교 학생조차 읽는 대로 풀이가 되는 시가 아니라 영랑 선생의 시는 너무 깊어서 일반인들이 이해하기가 쉽지 않다는 것이네. 세 번째는 시어에 고향의 방언을 전례 없이 많이 사용해서 타 지역 독자들에게 친밀감을 못 준 점 등을 들 수 있네."

대강 이러한 내용이었다.

물론 방언 때문에 더 높이 평가를 받는 경우가 있지만 그것은 시를 제대로 이해하는 문인들, 국문학자 그리고 호남 사람들의 이야기이지, 호남 이외의 일반 독자들에게는 꼭 그렇지만은 않다는 게 상당수 지식층의 의견이다.

그 후 50여 년이 흐른 오늘, 중학생 이상의 국민치고 영랑을 모르는 이가 거의 없을 만큼 영랑의 인지도는 상승했다. 목월의 예언이 적중한 것이다.

당대 문학평론가 소천 이헌구는 자주 영랑의 시에 관해 단문을 썼는데, "북에는 소월이요, 남에는 영랑이 있다"라면서 "그러나 언어의 멋과 리듬의 격조 높은 점에서는 영랑은 옥이요, 소월은 화강석이다. 소월의 그 많은 한의 노래는 영랑의 옥저(옥피리)의 여운에 미치지 못하는 바 없지 않다"라고 했다.

또, 현재, 한국 최고의 문학평론가로 알려진 유종호(89세, 전 예술원회장)는 영랑의 대표 시 「모란이 피기까지는」을 가리켜 "20세기 한국시가 낳은 최상의 서정시편의 하나로서 소월의 「진달래꽃」보다 한결 유려하고 섬세하다. 영랑은 이 한편만 가지고도 20세기의 뛰어난 한국 시인으로 기억될 것"이라 극찬했다.

32 _ 정지용 시인이 본 영랑 시

내 가슴속에 가늘한 내음
애끈히 떠도는 내음
저녁해 고요히 지는제
머언산 허리에 슬리는 보랏빛

오! 그 수심뜬 보랏빛
내가 잃은 마음의 그림자
한이틀 정렬에 뚝뚝 떨어진 모란의
깃든 향취가 이가슴놓고 갔을줄이야
(하략)

(「가늘한 내음」)

1930년 《시문학》 2호에 실린 이 시를 시인 정지용(1902~1950)은 다음과 같이 논평했다.

"시도 이에 이르러서는 무슨 주석註釋을 시험해 볼 수가 없다. 다만 시인의 오관五官에 자연의 광선과 색채와 방향芳香과 자극이 교차되어 생동하는 기묘한 슬픔과 기쁨의 음악이 오열嗚咽하는 것을 체념할 수밖에 없다."

다음은 영랑 시에 관한 정지용의 여러 평론 중 눈에 띄는 시 「청명淸明」의 평론 일부다.

> 호르 호르르 호르르르 가을 아침
> 취어진 청명을 마시며 거닐면
> 수풀이 호르르 벌레가 호르르르
> 청명은 내 머릿속 가슴속을 젖어 들어
> 발 끝 손 끝으로 새어 나가나니
> 온 살결 터럭 끝은 모두 눈이요 입이라
> 나는 수풀의 정을 알 수 있고
> 벌레의 예지를 알 수 있다
> 그리하여 나도 이 아침 청명의
> 가장 고웁지 못한 노래꾼이 된다
> (하략)

"… 영랑 시가 여기에 이르러서는 차라리 평필評筆을 던지고 독자로서 싯적 법열法悅에 영육靈肉의 진감震感을 견디는 외에 아무 발음이 있을 수 없다.

자연을 사랑하느니 자연에 몰입하느니 하는 범신론자적汎神論者的 공소空疎한 어구가 있기도 하나 영랑의 자연과 자연의 영랑에 있어서는 완전 일치한 협주協奏를 들을 뿐이니 영랑은 모토母土의 자비하온 자연에서 새로 탄생한 갓 낳은 새 어른으로서 최초의 시를 발음한 것이다."

(하략)

당시 우리 문단에서 가장 훌륭한 서정시인 중 한 분으로 추앙받던 정지용鄭芝溶은 영랑의 시를 논평할 때마다 이렇게 극찬을 아끼지 않았다.

***
33 _ 가장 사랑했던
   후배 서정주 시인과 영랑

영랑이 첫 시집인 『영랑시집』(1935)의 편집을 시인 용아 박용철(1907~1938, 시문학 발행인 겸 편집인, 광주 송정리=현 광주광역시 광산구 소촌동)에게 맡겼고 두 번째 시집 『영랑시선』(1949)은 후배 시인 중 가장 사랑했던 미당 서정주(1915~2000) 시인에게 맡겼음은 다 아는 사실이다.

첫 시집의 편집을 시인 용아에게 맡긴 이유는 용아 시인이 영랑과 가장 가까운 사이인데다 당시 영랑이 고향 강진에 있었기 때문이다.

하지만 두 번째 시집을 낼 때는 영랑이 서울로 이주한 뒤였는데도 직장 일로 너무 바빠서 역시 가장 가까이 지내던 후배 미당에게 도움을 청했던 것이다.

필자가 선친을 여의고, 선친 관련 이야기를 서정주(시인), 박목월(시인), 이헌구(평론가), 황금찬(시인) 그리고 고향의 연세 많은 몇몇 선배들을 통해 들어 왔지만 그중 가장 많은 이야기를 들려준 분은 미당 서정주 시인이었다.

필자가 당시 서울 동작구 사당동(현 관악구 남현동) '예술인촌'에 입주할 무렵인 1970년대 초, 마포구 공덕동에서 오랫동안 살아오던 미당 역시 우리 집에서 100여 미터 정도 떨어진 같은 '예술인촌'으로 이사하여 자연스레 미당 선생 댁을 자주 찾았다.

미당은 어느 날 필자에게 선친 얘기를 꺼내면서, 1930년에 《시문학》지에 발표된 시를 통해 상상했던 영랑 선생은 아주 섬세하고 여성적인 분이었는데, 1936년에 종로구 적선동 용아 박용철 시인 댁에서 처음 만난 영랑은 완전히 딴판이어서 놀랐다고 했다.

게다가, 영랑은 집주인인 용아 시인의 소개로 12년이나 아래인 미당과 첫인사를 나눌 때도 수줍어서 얼굴이 불그레해져 꼭 촌색시 같은 순박한 모습이 인상적이었다고 했다.

그 후 서울의 음악회 때마다 상경하는 영랑을 자주 만나면서 서로가 친형제처럼 가까워졌다. 어느 날 둘이서 술 한 잔씩을 나누고 충무로1가 입구 모퉁이를 함께 걸어가는데, 영랑 선생이 지나가는 말처럼 "(사람들이)오장환(시인)이 보고 지금도 우리나라 시왕(시인 중의 왕)이라 한단가?"하고 물었다.

마땅한 말이 생각나지 않아 그냥 "도르겠소" 하고 대답했더니 영랑은 한동안 말이 없다가 무엇이 그리 우스운지 깔깔대면서 "왕관은 네가 써라. 내가 줄 터니…" 하더라는 것이다.

이 말을 듣고 미당은 속으로 은근히 놀랐다고 했다. 이어 미당은 "그 말은 평소에 영랑 선생이, 그 당시 인기가 높았던 오장환이 시왕의 위치에 있다고 생각하는 독자들에게 불만이 있음을 살짝 비친 것이 아니겠는가? 그리고 영랑 선생은 그 말을 통해 자신의 위치를 은근히 과시했던 것이네" 하며 미소를 지었다.

① 영랑 묘 이장식 때.
  왼쪽부터 시인 김광섭, 언론인 최상덕, 극작가 박진, 시인 이하윤, 시인 모윤숙 (1954년 11월).
② 사회를 본 이헌구. 왼쪽은 이하윤.

미당은 또 영랑이 문우들과 금강산에 다녀오면서 서울에 들렀는데 미당을 만나자 "금강산에 다녀왔는가?" 물어서 "아니요" 했더니 "내가 쓰고 남은 돈인데 이것이면 왕복 여비로 충분할 것이네. 다른 생각 말고 꼭 한 번 다녀오게" 하면서 그때만 해도 적지 않은 돈을 손에 쥐어 주었다고 한다.

미당은 "그 덕분에 금강산 구경을 잘 했네" 하고 지난날의 비화를 털어놓기도 했다. 영랑과 미당의 사이가 얼마나 가까웠는지를 보여 주는 대목이다.

이숭원 교수(서울여대)는 훗날 '영랑 계보'를 강의하면서 영랑의 직계 시인으로 서정주와 박목월을 든 바 있다.

34 _ "나는 늙어서 셋째 놈과 살겠소"

영랑의 다섯 아들 중 필자인 셋째가 어릴 때, 어른들이 보기에는 믿을 만한 구석이 있었던가 보다. 다른 형제들과 달리 셋째는 만 네살 때부터 집 안에서 뛰어놀다가 눈에 조금만 달리 보이는 물건이 발견되면 그냥 지나치지 않고 작은 못 한 개까지도 주어다가 자신의 전용 서랍 속에 보관하는 버릇이 있었다.

그래서 그 서랍 속에는 잡동사니로 가득 차 있었다. 그러한 셋째의 버릇을 알고부터 선친은 집 안에서 무엇이든 잃어버리면 즉시 셋째의 서랍을 뒤져 분실한 물건을 찾아내고는 "이럴 줄 알았어! 이놈은 틀림없는 살림꾼이야!" 하며 만족한 표정을 지으셨던 기억이 새롭다.

아랫마을에 심부름을 보낼 때도 당시 여덟 살, 열두 살 된 두 형들을 제쳐 놓고 고작 만 다섯 살 된 셋째에게 심부름을 시켰다. 전달받은 쪽에서 '애당초 아버지가 시킨 그대로 셋째가 한 마디도 빠뜨리지 않고 전했다'고 해 선친을 기쁘게 했다.

셋째가 다섯 살 때의 일이다. 무더운 여름날, 윗옷은 벗고 반바지만 입고 집 안에서 노는데 아버지가 셋째의 불룩한 아랫배를 주시하면서 아버지 앞으로 오라고 부르셨다. 아버지는 어머니에게 "이 자식 아랫배가 왜 이렇게 불룩해. 이상하지?" 하며 둘째 손가락으로 배꼽에서 두세 치 밑 단전 부위를 꾸욱꾸욱 눌렀다.

그러면서 새로운 걸 발견이나 한 듯 "아니! 이 자식 아랫배가 왜 이렇게 단단해? 돌덩이 같네, 여보, 이놈 배 좀 눌러 봐" 하셨다. 어머니도 배를 만져 보시더니 "글쎄? 너 혹시 배가 아프냐?"고 물었지만 셋째 자신은 전혀 이상을 느낀 적이 없었다.

그런 일이 있은 후 아버지는 혹 셋째에게 무슨 병이라도 있나 해서 계속 관심을 두었다. 얼마 후 셋째의 배를 다시 눌러 보던 선친은 강진 최고 명의라는 한의사(김정민 원장=김창식 옛 강진금릉중고교 교장의 부친)의 말을 인용하면서 어머니에게,

"여보, 나 늙으면 셋째 놈과 살겠소. 아랫배가 이렇게 단단한 놈은 건강이 월등하다고 합디다. 어느 놈보다도 이놈 건강은 믿을 수 있소. 특히 이놈은 살림꾼이 될 놈이니 한세상 잘살 것이오" 하며 웃었다.

그러고서 84년의 세월이 흐른 현재, 손위 형제들 모두와 넷째 아우는 부모님 곁으로 떠났고, 아들로는 셋째와 막내인 다섯째(현도 84세), 막내 여동생(애란 80세) 등 셋만 남았다.
그 후 셋째는 만 89세를 며칠 앞둔 오늘까지 아버지 말씀대로 남다른 건강을 유지하고 있으니 그 당시 한의원 원장님 말씀이 옳았던 것일까?

너무 어렸을 때 부친을 잃어 아버지에 대한 기억이 거의 없는 막내아우는 독문학을 전공, 유럽 오스트리아로 유학, 현지 국립은행의 전산부장으로 재직하다 은퇴해 그곳에 60여 년간 영주하고 있으니 실제로는 셋째와 여동생만이 아버지 영랑의 발자취를 올바로 보존하려고 노력하고 있는 셈이다.

✱✱✱
35 _ 이승만정부 여순민중항쟁 관련 영랑 시 시어 조작

여순(여수·순천)민중항쟁 희생자 유가족과 가까운 한 분이 유가족들의 한 맺힌 푸념이라며 필자에게 들려준 얘기다.

"영랑 시인의 「절망」이라는 시에, 여순항쟁 당시 억울하게 희생당한 양민들을 가리켜 '반란에 가담한 무리'라는 뜻의 '반도叛徒'라고 표현해서, 희생자 유족들의 원한이 근 80년 가까이 하늘을 찌르고 있는데 지금이라도 유가족 대표로서 선친 대신 사과문이라도 써서 희생자 유가족 모임 대표 앞으로 보내는 게 옳지 않느냐?"라고 권한 것이다.

필자는 선친의 시라 해도 서정시가 아닌 경우, 거의 읽는 편이 아니었기에 일단 '없는 말이 나겠냐'며 이분의 권고를 긍정적으로 받아들이면서 선친의 과실에 대해 대신 사과하는 자세를 보인 후 사과문 준비를 위해 그 근거를 수집하기 시작했다.

그 첫 과제는, 이 시가 맨 처음 세상에 공개된 《동아일보》(동시에 《경향신문》에도 실림) 1948년 11월 16일 치로, 확인 결과 이 시에 '반도'라는 단어는 찾아볼 수가 없어 황당했다.

혹시 여순민중항쟁 관련 또 다른 시 「새벽의 처형장」(《동아일보》 1948년 11월 14일)을 '절망' 시로 착각했나 하고 함께 찾아봤으나 결과는 마찬가지였다.

이때 필자는 마음속으로 영랑 시인은 '반도'라는 단어를 쓴 적이 없다고 확신하면서 안도의 한숨을 쉼과 동시에 희생자 유가족들에 대한 죄책감도 사라졌다.

그 후, 오해의 근원을 확인한 결과 당시 이승만 정부의 문교부가 여순항쟁 이듬해인 1949년 국민의 반공사상 고취를 목적으로 친정부 단체로 알려진 '전국문화단체총연합회'(회장

박종화, 현, 예총 전신)의 이름으로 『반란과 민족의 각오』라는 제목의 홍보용 책자를 발간했다.

　그런데 여기서 밝혀진 것은, 발간 목적이 나타나는 이 책자의 서문을 당시 이승만 대통령의 공보비서관(현 홍보수석) 김광섭 시인이 썼다는 사실이 확인돼 이 책자가 문교부 주도, 편집으로 이승만 정부가 발행했음을 확인했다.

　그 책자에 영랑 시 「절망」 중 6행과 9행에 나오는 '군병' 두 글자 중 9행의 '군병'을 원저자인 영랑 시인 몰래 '반도'로 조작, 발간한 데서 비롯된 사실임을 발견, 필자는 충격과 함께 이승만 정부의 교활성에 놀랐다.

　명의(발행처)만 '전국문화단체총연합회'로, 인쇄도 정부 지정 인쇄소가 했을 것이 거의 틀림없었다. 결국, 여순항쟁 유족들과 수많은 국민들은 정부가 간행한 이 책자만 믿고 이승만에 '아부성 시를 쓴 영랑 시인'으로 오인, 장장 80년 가까이 영랑 시인을 원망해 온 것이다.

필자는 2023년 6월 하순, 당시, 동아일보에 보도된 이 시를 복사해서 여순민중항쟁희생자유족회총연합회장, 여수지역 희생자유족회장, 여순민중항쟁 관련 연구로 박사학위를 받은 J씨 등 여러분께 이러한 사실을 이메일로 알려 드렸고 이분들이 모두 수신했음을 각각 확인했다.

필자가 이분들께 호소한 내용은, '반도'라는 단어는 정부가 조작해 넣은 것으로 희생자 유가족 여러분이 오해하고 있는 영랑 시인의 시 「절망」 원본에는 어디에도 '반도'라는 단어를 찾아 볼 수 없다는 사실을 희생자 유족 여러분께 알려 달라는 요청이었다.

다행히, 희생자유족회총연합회 이규종 회장님과 여수지역 희생자유족회 서장수 회장님은 이에 즉시, '몰랐던 사실을 일깨워줘 감사하다'며, '앞으로 희생자 유족 여러분께 이 사실을 알려 영랑 시인께 오해 없기를 당부하겠다'는 점을 약속해 주셨다.

당시, 이승만 정부는 여순 민중 항쟁 때 3만여 명 가까운 양민들을 '공산 반란 도배들'로 몰아 학살하는 등 역사적 대범죄를 저질렀음을 정당화하기 위해 이런 천인공노할 짓을 자행했던 것으로 보인다.

1948년 제주 4·3 민중항쟁을 진압하라는 명령을 받은 여수 주둔 국군 14연대가 제주 주둔 9연대를 따라 "무고한 국민에게 총질을 못하겠다"라며 이 명령에 불복한 결과, 9연대, 14연대 장병 및 제주(총 4만여명 희생), 여순 지역 국민들은 '관제 빨갱이'로 몰려 너무 많은 희생을 치른 것이다.

조국이 통일되는 날, '양민인 국민들에 총을 쏠 수 없다'던 9연대와 14연대 장병들이 정부의 부당한 명령에 따르지 않은 '올바른 우리 국군'으로 평가받을 것임을 확신한다.

또, 당시, 정부는 있는 사실 그대로 '14연대반란사건'이라 했다가 후에는 '여순반란'으로 용어를 바꾼 것도 '14연대반란사건'이라고 하면 그 책임소재가 국방부, 나아가서 국군통수권자인 대통령이 되기 때문에 이를 피할 목적으로 여순 민중들이 군인들과 함께 주동했던 것처럼 '여순반란사건'으로 바꾼 것이다.

이런 내용을 알 수 없는 희생자 유족 여러분들께서는 그 긴 세월을 '반도'라는 단어 때문에 얼마나 억울하고 황당한 누명 속에서 세상을 바로 못 보고 불안한 삶을 살아 오셨으며 '반도'라고 표현한 적이 없는 영랑 시인을 원망했을까?

참으로 안타까운 일이다.

게다가, 문교부 파견 문인조사단은 당시 진압군 장교의 일방적인 설명에만 의존해서 '여순' 현지를 단 이틀간 돌아보고 귀경, 희생자 유족들 측과는 대면조차 할 기회조차 못 잡았다는 사실 또한 가슴 아픈 일이다.

더구나, 문인조사단이 현지에 도착할 때는 이미 진압이 끝난 지 1주일이나 지난 뒤였기에 양민들의 시신은 이미 다 장례를 치른 뒤였다. 이런 상황에서 조사단의 정상적인 취재가 가능했겠는가?

특히 현지 지리에 어두운 문인들이 현장을 안내하는 진압군 장교의 안내대로 움직였고 그의 설명에만 의존했다면 어찌 억울한 피해자 유족들을 만날 수 있는 기회가 주어졌겠는가! 이건 애당초 정부 측이 '조사단'이라는 미명하에 정부 반공 정책 강화 차 문인들의 자유 취재를 의도적으로 차단했다고 보는 게 합리적이다.

여순 항쟁 때, 다수의 양민들은 심문 도중 평소 감정이 안 좋았던 자들의 손가락질로 억울하게 지목당한 사람이 바로 부역자로 몰려 현장에서 총살당하는 '무법천지'를 목격, 너무 불안한 나머지 군인들과 함께 살길을 찾아 지리산으로 도피, '관제 빨갱이'가 될 수밖에 없었고 몇 년 후까지 버티던 전원이 '빨치산'이라는 이름으로 토벌 군경에 의해 살해당했다.

　　영랑 시인의 여순항쟁 관련 시, 「절망」과 「새벽의 처형장」 두 편은 '왜놈들의 압제에 곧 이어진 또 다른 우리민족끼리의 동족상잔同族相殘' 등 우리민족의 슬픔을 통곡하고 있다.

　　지금 생각해도 다행스러운 것은, 영랑 시인이 당시 정부의 '문인조사단' 구성에는 응하면서도 일부 다른 문인들처럼 100% 정부의 뜻에 따라 글을 쓰지 않고 쌍방 '군병들'만 언급, '민족의 슬픔'을 통곡하면서 '민족사랑'과는 동떨어진 당시 미군의 지시에 굴복한 정부를 간접 비판한 시를 쓴 것으로 보인다.

　　다만, 필자의 생각에는 '처음부터 영랑 시인이 그 조사단에 끼지 않았더라면 얼마나 좋았을까…' 하는 아쉬움이 있다. 그러나 구성원들을 보면 대부분이 영랑 시인과 같은 우익 진영 인사들로 평소 가까이 지내던 문우들이었으니 거기에서 영랑 홀로 빠져나오기는 쉽지 않았을 것으로 보인다.

당시, 문교부파견현지조사단, 반란실정문인조사단(이하 문인조사단)은 10명으로 구성됐다. 제1대는 박종화, 김영랑, 김규택, 정비석, 최희연 등 5명으로, 제2대는 이헌구, 최영수, 김송, 정홍거, 이소녕 등 5명이다.

박종화, 정비석, 김송은 소설가였고, 김영랑은 시인이었으며, 이헌구는 평론가였다. 화가 정홍거, 만화가 김규택과 최영수가 포함되었다. 사진가로는 최희연과 이소녕 등이 있었다.

문인조사단은 답사를 마치고 서울로 돌아와 중앙 일간지에 각각 답사기를 발표했다. 이헌구의 「반란현지견문기」로 《서울신문》에 총 9회에 걸쳐 연재되었다. 박종화의 「남행록南行錄」은 《동아일보》에 총 5회, 정비석의 「여·순 낙수落穗」가 《조선일보》에 3회 연재되었다.

한편 문인들의 답사 보고서는 「문교부 파견 현지조사단 보고」라는 제목으로 『경향신문』에 실렸다. 문인들의 답사기는 나중에 현장을 스케치한 그림, 사진들을 곁들이고 정부 요인들의 성명서 등을 첨가하여 『반란과 민족의 각오』라는 제목의 단행본으로 출간되었다.

(출처『빨갱이의 탄생 –여순사건과 반공국가의 형성』, 김득중)

***
36 _ 폭거, 독단 일삼는 강진군청, 국가지정문화재 훼손이라니!

    필자가 오랫동안 고향 강진의 생가를 방문하지 못하다가 당시, 일면식도 없는 황주홍 강진군수로부터 각별한 예우를 갖춘 이메일 초청 편지를 두 차례나 받고. 2006년, '제1회 영랑문학제'에 처음 참석하게 되었다.

    그런데, 그때 돌아본 생가는 충격적이었다. 사랑채의 바깥채가 흔적도 없이 없어진데다 1943년에 영랑 시인이 직접 사랑채 초가지붕을 기와로 바꿔 우아한 모습을 자랑해 왔는데, 이 기와지붕도 어느새 갑자기 초가지붕으로 바뀌어 기와집이 지녔던 아름다웠던 모습은 온데간데 없이 사라져 버렸기 때문이다.

① 영랑의 시 대부분이 탄생한 생가 사랑채.
　1943~1990년대 초까지 우아한 기와집이었으나
② 강진군의 실수로 초가로 바뀐 후 아직도 복원이 안 됨.

일제 강점기 때 영랑 시인은 우선 사랑채부터 기와지붕으로 바꾸고 차차 재정 형편에 따라 안채와 두 바깥채를 모두 단계적으로 기와지붕으로 바꾸기로 계획했다. 그러나 조국 광복이 갑자기 닥치면서 새나라 건설에 넋이 팔린 영랑은 이 뜻을 이룰 기회가 없었고 곧 서울로 이주해야만 할 처지에 놓였던 것이다.

이미 고인이 된 아우 넷째 현태(불문학과 교수)의 생존 시 기억에 따르면, 생가인 '국가중요민속ㅈ-료'(국가지정문화재)는 법적으로 원형 변경이 불법임에도 강진군청이 유가족에게 아무런 사전 통고도 없이 생가 안채의 바깥채와 사랑채의 바깥채 등 두 채를 모두 없애버렸다는 것이다.

유가족의 항의로 그 후 안채 바깥채만 복원했고, 최근에야 사랑채 바깥채도 복원했으나 사랑채 기와지붕 복원은 아직도 요원한 실정이다. 연간 두 차례의 썩은 초가지붕이 새로 교체되는데 필자가 확인한 새 초가 교체 직전, 바람 불고 비 오는 날의 지붕은 초가지붕이 아니라 보기 흉할 정도로 중간중간 푹 꺼진 자리 등 다 쓰러져 가는 버려진 지붕 모습이었다.

이런 모습을 관광객들 앞에 버젓이 공개하고 있었으니 관광객들은 이런 집을 보고 영랑 선생을 어떻게 받아들였을까? 그들은 아름다웠던 기와지붕을 이런 꼴로 만든 강진군청의 문화재 훼손 사실을 모르지 않는가!

비가 새어 썩어나가는 서까래도 해마다 몇 개씩 교체해야 했다. 이게 과연 지자체가 국민의 혈세를 낭비하는 게 아니고 뭣이란 말인가. 당장 옛 기와지붕으로 복원해 버리면 혈세까지 아끼는 방법이 될 게 아닌가? 영랑생가의 우아했던 옛 그대로의 사랑채 모습이 그립다.

무식한 개인도 아니고 실소유주가 된 지자체 강진군청이 왜 이런 몰상식한 짓들을 자행했을까? 이는 군 공무원들이 절대복종해야 하는 당시 군수의 지시 없이는 불가능한 사건이었기에 필자에게는 강한 의문이 생길 수밖에 없었다.

'도둑이 제 발 저린다'고 했던가? '제1회 영랑문학제' 행사 바로 전날 강진에 도착한 필자를, 당시 지자체 담당 계장이었던 김 모씨가 불쑥 찾아와 '생가의 사랑채 지붕의 기와가 일제 기와였기에 초가로 변경했으니 유가족이 그에 대해 말씀하실 필요가 없다'는 식으로 강변했다.

거짓 변명도 설득력이 있어야지 '항일 투사' 영랑 시인이 아름다운 우리 전통 조선기와를 외면하고 일제 기와를 쓸 이유가 있었을까? 필자는 유치한 이 변명에 토를 달 가치조차 없을 뿐 아니라 더구나 고향에 오자마자 고향 군청 공무원에게 화를 내기도 그래서 그냥 묵살했으나 내심 불쾌하기 짝이 없었다.

그때 필자는, 기와지붕을 없애는 등 지나친 강진군청의 문화재 원형 변경-훼손에 관련, 단 한마디도 지적할 기회가 없었기에 김 씨의 발언은 강진군청이 해서는 안 될 폭거를 저지른 양심의 가책에서 우러난 고백 정도로 받아들였다.

그 후 필자가, 생가를 몇 차례 다녀간 적이 있는 한국문화계의 거물 김정옥金正鈺 전 한국예술원회장(92, 현 얼굴박물관장)을 만났을 때 영랑생가 기와지붕을 초가로 바꿔치기한 사실을 함께 얘기하면서 위 군 직원 김씨의 어처구니없는 변명을 얘기하자, 이분은 기가 차다는 표정을 짓더니, "내가 잘 압니다. 조선기와가 맞아요"라고 확인했다.

우선 군수의 눈 밖에 나서 불이익을 당할까 봐 상사 명령에는 불법마저도 감행할 수밖에 없는 약자인 공직자들, 그러나 그게 불법임을 알기에 당시의 박모 과장(현재 은퇴)은 "문화재는 원형 그대로 보존함이 원칙"이라는 필자의 주장에 "그건 맞습니다"라며 고개를 숙였다.

그러나, "왜?"라는 필자의 끈질긴 질문에, 박모 씨는 난처한 표정을 지으며 5분 이상 말을 돌리다가 끝내 상대방을 설득시킬 수 없음을 알자 결국 "다른 건물이 초가여서 이에 맞추기 위해서" 그랬다며, "일제기와"를 핑계 대던 김 씨와 별 다를 바 없는 억지 변명을 늘어놓았다.

그렇다면 왜 당시 군수는 군 직원들을 동원해서까지 국가지정문화재를 훼손하는 몰상식한 범법 행위를 저질렀을까? 필자는 박 씨와의 면담 후 전 군수 본인을 만나봐야겠다고 생각, 그의 집으로 차를 몰았다.

헌데, 또다시 필자를 놀라게 한 것은, 멀리 그 집 앞에 높이 서 있는 디귿(ㄷ) 자를 거꾸로 세운, 불교 사찰 입구의 일주문 같은 모양의 높은 기둥 위를 가로로 잇는 평행봉에 가로세로 1미터씩은 됨직한 '전 강진군수 윤○환'이라는 큰 글 여덟 자가 매달려 있지 않은가!

자신의 집 앞에 전 직책을 이토록 드게 써 붙인 경우가 강진 이외에 아니 전 세계 어디에 또 있을까? 강진의 새로운 부끄러운 명물이며 망신거리였다.

이걸 보고도 강진 군민들은 몇십 년이 지나도록 모르쇠로 일관하고 있으니 군민 모두가 하나같이 '그걸 간섭해 욕먹을 필요는 없지' 하는 자세로 비굴한 모습을 그대로 유지하고 있는 것이다. 이런 정서가 지속되는 한 강진 군민들의 민주의식은 제자리걸음에 그칠 것임을 왜 모를까?

군민들의 수준이 그러면, 강진군청이이라도 나서서 '외부 인사들이 봐도 코미디 깜'이라며 철거하도록 해야 하는데 군도 마찬가지니 더 할 말이 없는 것이다. 윤 씨가 현역 군수라도 몰상식한 이런 짓에 모르는 체해서는 강진사람 전체가 조롱거리로 추락하는 법이다.

필자는, 1,700만 시민 봉기로 박근혜 국정농단 정권을 몰아내고 새로운 민주정부를 세운 위대한 대한민국을 놀랜 눈으로 환호, 찬양했던 전 세계인들을 기억한다. 강진 군민들은 이러한 엄청난 역사적 사실을 상기, '나' 먼저 강진의 발전을 위해 헌신, 희생할 자세부터 갖춰야 강진의 모든 공적 부정, 비리, 몰상식은 눈에 띄게 줄어들 것이다.

필자는 오랜 세월 동안의 기자 생활 중 수많은 한미 고관 출신 인사들을 만났지만 명함에 '전 무슨 고관 아무개'라고 자신을 소개하는 명함을 본 적이 없었으니 황당했다.

이런 수준의 인물이라면 '문화재 훼손' 같은 것에 죄책감을 느낀다거나 강진의 미래를 위해 꼭 보존해야 할 문화재급 전통가옥을 '문화재청이 알기 전'에 자기네가 감독 관리하는 게 귀찮아서 해체해 '군민 전체에 피해'를 주는 결과가 온다는 사실까지 내다 볼 수나 있었겠는가? 때마침 본인이 부재중으로 면담은 불발로 끝났다.

더구나, 전통가옥 지붕의 아름다움은 '용마루'의 곡선미에 달려 있는데 강진군청이 언젠가 사랑처 지붕의 기와지붕 복구 작업을 진행하더라도 전통가옥 전문 대목수를 구하기가 어려워진 세상이 되어 기와지붕 '용마루'의 곡선미가 제대로 살아날지 의문이다.

유가족은 머지않아 이 세상을 떠날 사람들이지만 강진에 존재하는 문화재들은 강진 군민의 자존심과 경제 활성화를 위해 영원히 보존돼야 할 중요 자산들이라는 사실에는 변함이 없는 것이다.

그런데, 최근 강진군이 처음으로, 영랑 시인 묘 이장을 추진하는 유가족을 의식해서인지 뜬금없이 '사랑채 기와지붕' 복원을 위해 문화재청에 문의한다며 사랑채 기와지붕 옛 사진을 요청해서 보내줬다. 그러나 문화재청은 당연히 '안 된다'며 거절했다고 한다.

강진군이 문화재청 몰래 자기네 마음대로 문화재 기와지붕을 뜯어내고 초가지붕으로 격하시켰는데 이제 와서 왜 문화재청이 기와지붕을 복원해 줘야 할까? 강진군청이 마음대로 뜯어 내버렸을 때처럼 복구도 결자해지結者解之의 자세로 강진군 예산으로 문화재청 몰래 복원해야 옳지 않은가?

그간 문화재청을 속여 오다 '문화재훼손죄' 시효가 끝난 데다, 영랑 시인 묘 이장이 원만히 진행되길 바라 이제야 문화재청에 관련 질문을 하는 등 용기가 생긴 것일까?

이어, 다음은 위에 잠간 언급한 강진의 자랑인 전통가옥 두 채가 강진군청의 또 다른 독단(獨斷)적 폭거로 해체되어버린 서글픈 얘기다.

조선말이었던 110여 년 전, 오랜 무관(절충장군, 현 대장급) 관직에서 은퇴한 전라도 관찰사의 비장(비서실장, 정삼품 당상관) '김제진 비장'은 아들들이 거주할 두 채의 전통가옥 건축을 위해 가장 견고하다는 백두산 아름드리 적송들을 베어 압록강-서해-목포까지 뗏목으로 운반, 부패 방지책으로 3년간 바닷물에 담갔다.

그 후 다시 1년간 햇볕에 건조해 1910년, 당시 경복궁 소속 일급 대목수(김춘엽, 허균)의 수고로 강진읍 내에 범상치 않은 두 채(서성리 5, 남성리 167)의 전통 한옥을 지었다.

이 가옥들이 호남 전역에 알려지면서 전남대와 조선대 등 건축학과 학생들은 매년 지도교수 인솔로 이 강진의 "김비장네" 명물 가옥을 견학 후 호남에도 이런 훌륭한 건축물이 있음에 자부심을 느껴 왔다고 전한다.

그런데, 이런 희귀한 전통가옥들을 일말의 양심조차 없이 강진군청 간부 몇 사람의 독단적 결정으로 이 건물들을 해체해 버린 것이다.

이에 당시, 강진의 유일한 언론사인 《강진신문》(당시 편집인 주희춘 현 강진일보 대표)은 〈좋은 것은 곁에 두고 보지 못하는 강진의 배타성〉 제하 사설에서 이 전통가옥 해체 관련, 비민주적인 군청 당국의 몰상식, 폭거, 무책임에 더해 '나만 편하면 된다'는 군청 공무원들의 몰상식한 점을 신랄하게 비판했다.

"(강진군) 공무원들은 이미 20년 전에 자신들의 편리대로 (전통가옥들을 대상으로) 도시계획선을 그어버렸"고, "군이 지난달 초부터 비장네 (전통가옥)처리 문제를 내부적으로 논의하면서도 군의회를 완전히 배제 시켰다", "지역문화재의 운명이 공무원 몇 사람의 판단으로 좌지우지되는 현실을 우리는 확인했다"고 강진군의 폭거를 예리하게 폭로한 것이다.

이어 "100년 동안 한자리에 있어 온 한옥도 지키지 못하"면서 "'우리가 개인의 집을 왜 지켜야 하느냐?'고 항변하는 (강진군) 고위 공무원들의 모습에 비애감을 느낀다"고 한탄했다. 공무원은 국민들의 종Civil Servant이라 했는데, 이러한 강진 공무원들은 군민 위에 높이 군림하는 '상전'들이었음을 강조한 것이다.

당시 이 가옥들의 가치를 알았던 상당수 사회단체, 문화단체 등 군민들은 물론 강진군의회까지도 '강진의 미래를 위해 이 건물들은 보존해야 한다'고 반대 목소리를 높였던 것이다.

강진군이 마음속 한구석에서나마 반대 여론에 귀 기울여 신경을 썼다면, "20년 전부터 내려온" '잘못된 도로계획'부터 뜯어 고쳤어야 했다. 지자체로서 군민의 요구를 대변할 수 있는 힘이 있는데 '군민 극구 반대'를 내세워 도로계획 변경은 쉽게 이룰 수 있는 여건이 아니던가!

허나, 오히려 당시의 강진군청은 문화재청이 이 가치 높은 가옥들을 알게 되면 필경 지정문화재가 될 것임을 알기에 사전에 제거해서 지정문화재가 될 경우 관리, 감독 등 늘어나는 업무를 미리 배제해야 한다는 '군민의 미래'보다 '나만 편하면 된다'는 극히 이기적인 생각이 크게 작용했다니 한심한 공무원들이다.

특히, 도로계획선 상에 일직선으로 두 가옥이 서 있는 것도 아니고 동서로 150여 미터나 떨어져 있는 가옥들을 각각 다른 도로계획에 포함시킨 것부터가 강진군청의 해체 의도가 그대로 반영된 것이었다.

그게 아니었다면, 군민의 여론을 무기 삼아 지자체가 나서서 도로계획을 수정하도록 군수 직을 걸고 노력한 흔적이라도 있을 텐데 그 또한 전무했다. 무능한 당시 민선 군수의 힘으로는 군 고위 공무원들의 억지 주장을 꺾을 수 없었음을 말한다.

더구나, 강진군청이 이 가옥 중 하나라도 보존할 생각이 있었다면 건물을 도로에서 살짝 비켜 그대로 이전할 수도 있었는데 보존 아닌 '해체'가 목적이었기에 이를 외면, 완전 철거를 강행한 것이다. 물론, 이 경우 예산이 들겠지만, 그 정도도 하지 못할 무능력한 군도 아니다. 일시적으로 들어가는 예산보다 미래 강진에 미칠 이 가옥들의 가치는 훨씬 높았다.

문화재청이 사전에 강진에 이런 가옥들이 있었음을 알았다면 벌써 문화재로 지정했을 텐데 강진군청은 당시, 다른 군과는 달리 오히려 문화재 지정 신청조차 기피, 문화재청이 알까 봐 전전긍긍했다고 하니 이런 일부 공무원들의 행패에 놀아난 강진 군민들이 처량하지 않은가.

민주국가에서 언제까지 군민들은 '자기네 하인'인 공무원들의 '갑질'에 눌려 살아야 하는가? 김정옥 전 한국예술원회장은 한국문화예술진흥원장 재직 당시, 군수를 만나 여러 차례 이 전통가옥의 가치를 역설하며 보존할 것을 강조했으나 군간부직원들의 위압에 맥을 못 춘 무능한 군수가 끝내 설득이 안 되자, 그중 한 채의 안채만이라도 건지기 위해 사재 전부를 털어 이 가옥의 재목 전체를 그대로 옮겨 경기도 양주 소재 〈얼굴박물관〉 살림집으로 재건했음은 강진사람들이 두고두고 부끄러워해야 할 대목이다.

한때 13만 명 가까운 인구였던 강진이 지금은 3만 2천 명에 불과해 강진은 지역 경제 활성화를 위해 한 사람의 관광객도 아쉬운 실정이다. 그 건물들이 아직 강진에 건재해 우리 전통가옥의 위용을 자랑한다면, 또, 영랑생가 사랑채 기와지붕이 변조되지 않아 고유의 우아함과 아름다움을 유지하고 있다면, 군의 홍보자료로 크게 쓰일 것임은 물론, 관광객들의 수가 더욱 증가했을 가능성은 두말할 필요가 없을 것이다.

지도자의 역량은 국가와 국민, 지자체와 군민에 미치는 정신적 물질적 영향력이 이토록 큰 것이다.

(바로잡음) 초판에 전통가옥 해체 관련 도로계획이 전 윤영수 군수에게 책임이 있는 것처럼 표현된 내용은 사실과 다릅니다. 이 점, 윤영수 님 및 가족 여러분들께 진심어린 사과를 드립니다.

***
37 _ 강진도 〈이효석문학관〉을 배워야

황주홍 전 군수 주도로, 국내 유일하게 개인 문인의 이름을 따지 않고 영랑 시인이 주도했던 시문학파 동인들을 기리는 강진 〈시문학파기념관〉을 영랑생가 앞에 건립했다.

이어, 강진원 현 군수는 영랑생가 뒷산 5,000평에 〈세계모란공원〉을 만들어 중국, 일본, 미국, 프랑스. 영국 등 7개국에서 50종의 각각 아름다운 색깔의 모란 1,000여 그루를 수입해 연중 모란꽃을 관광객들이 감상할 수 있도록 하는 등 노력을 기울인 결과 옛날에 비해 강진 관광객 수가 많이 늘어났음은 기쁜 소식이 아닐 수 없다.

특히, 영랑 시인 유가족 대표로서, 필자는 세계모란공원 개장을 위해 모란 나무를 기증해 주신 아래 15분, 고상정 님, 김록진 님, 위환 님, 배석구 님, 문성복 님, 정영철 님, 최인수 님, 황규복 님, 조남주 님, 이형식 님, 김재권 님, 조달현 님, 곽순자 님, 김규중 님, 김채자 님 여러분께 깊은 감사의 뜻을 표한다.

앞으로도, 강진의 자랑인 '청자', '다산', '영랑' 중 활용 가능성이 무한대인 '영랑'의 인지도를 활용한 여러 사업들이 펼쳐져 관광객들의 증가에 따른 강진 지역 경제가 알차게 번영하기를 충심으로 바란다.

다음은 2002년에 설립된 〈이효석문학관〉이, 소재지 강원도 '평창군의 효자'가 된 소식을 전하면서 강진 군민들에게 지역 경제 활성화 방안의 아이디어를 전달하고자 한다.

평창군 봉평면(인구 5,700여 명)은 지난 2009년 당시보다 인구가 200여 명이 증가했다. 전국 각지의 인구가 다 줄어들고 있는 터에 봉평면 등 전국에 몇 군데만 늘어나고 있음은, 평창 사람들의 생각만이 아니라 필자 역시 '이효석문학선양회'의 피나는 노력 때문임을 확신하고 있다.

김성기 현 평창군의회 부의장(전 이효석문학관 미디어 소장)은 최근 '문학관 방문객이 연간 약 20만 명에서 시작, 현재는 약 250만 명(하루 평균 약 6,800명)에 달한다'고 밝혔다.

그에 따르는 수입은 연간 1,000억 원을 오르내리고 있으며, 더욱 놀라운 것은 평창군에 연평균 20억 원씩을 지원하고 있는, 문학관이 아닌, 중소 기업체 수준이라는 것이다.

특히, 김 부의장이 밝힌 이효석문학관의 규모를 보면 믿어지지 않을 정도다. 해마다 비약적으로 발전해 온 현재 이 문학관 자체의 부지는 8,000여 평, 달빛공원 8,000여 평, 별빛 공원 4,000여 평(설립 중), 효석달빛언덕 등 총 24,000여 평, 이 광활한 산등성이에 관광객들이 좋아할 각종 볼거리를 만들어 놓아 엄청난 관심을 끌고 있다.

이 문학관은 다른 문학관들이 그렇듯, 평창군의 주도가 아닌 민간단체인 이효석문학선양회 소속 청장년 3~4명이 동업자처럼 똘똘 뭉쳐 결사적 희생을 바탕으로 일궈낸 결과라니 그들의 애향심에 고개가 숙여진다.

더구나, 처음에 꼭 필요했던 자금은 동지들의 소소한 자금 전체와 평창군, 군내 사회단체 등의 적극적인 협조로 출발해 해마다 성장하면서 오늘에 이르렀다니 더욱 평창군 각종 사회단체 그리고 군민들의 애향심에 놀랄 뿐이다.

필자가 15년 전, 〈시문학파기념관〉 창립 준비를 위해 현지를 찾았을 때 당시 김 소장은 "전국적인 인지도를 지닌 '영랑' 선생이 평창 출신이었다면 3~4명의 우리 동지들이 오늘날 〈이효석문학관〉을 일으킨 노력의 10분의 1도 안 들었을 텐데…" 하며 〈시문학파기념관〉의 앞날을 부러워했었다.

그는 이어 '충실한 몇몇 동지들만 뭉치면 강진도 곧 평창 방문객들 수를 추월할 것'이라고 내다 봤다.

다행히 강진군의 경우도 강원도 평창군의 〈이효석문학관〉처럼 뒤에 산이 있어 현재의 〈세계도란공원〉에 이어 그 몇십 배의 관광객을 유치할 부지를 마련할 수 있는 자연조건을 이미 갖추고 있음은 앞으로 강진을 위해 큰 장점으로 작용할 것이다.

강진 청장년들이 이 말을 들으면 어떤 생각을 할까? 필자가 바라기는 이 말이 하나의 자극제가 되어 분발할 계기가 되었으면 한다.

강진의 청장년 세대는 이 사실을 듣고 경제 활성화를 위해 앞으로 강진군과 함께 이제라도 '평창이 하는데 우리라고 왜 못해!'라는 각오로 이를 악물고 일어서야 할 것이다. 그 긴 세월이 흘렀는데도 필자의 눈에 비친 강진 경제는 아직도 많이 아쉽기 때문이다.

그런데, 〈이효석문학관〉의 초석이 된 김 소장 등 당시 1세대 선배들은 오랜 세월이 흐르면서 청년 세대 등 신뢰할 수 있는 후배들에게 자리를 물려주고 이제 군의회 등으로 진출, 자문 역할만 하고 있다니 이 또한 본받을 만한 대목이 아닌가.

문득 오늘날 〈영랑기념사업회〉의 초라하기 짝이 없는 모습이 떠오른다. 15년 전 당시, 강진 지역 문인들은 '비문인들이 영랑 유가족 모두가 출향민이 됐음을 악용하여, 몰래 기념사업회를 발족시켜서 회장 임기 2년인 정관까지 무시, 초창기부터 내리 6년간이나 이모 씨, 조모 씨 체제로 운영하는 데다 특히 회원들이 비문인들로만 구성된 점'에 불만이 폭발했다.

당시, 복수의 문인들은 '문인들의 기념사업회를 만들어 달라'며 호소, 일리가 있다고 생각한 필자는, "왜 자신들의 민주 단체를 회원들이 바로잡지 못하고 그런 일까지 유가족에게 시정을 요구하느냐?"는 꾸중과 함께 문인 위주의 사업회를 바로 세워 놓았었다.

그 후, 필자는 미국 집으로 돌아가기 직전, 문인 위주의 〈영랑기념사업회〉가 두 회장이 바뀌도록 잘 흘러가기에 새로 선출된 회장에게 그간 열심히 모았던 『아버지 그립고야』 판매 대금 365만 원 전액을 새 회장에게 맡겨 〈영랑기념사업회〉 기금으로 쓰라고 격려하기까지 했었다.

그러나, 새 회장은 과거 비문인 때와 마찬가지로 2년 임기의 정관을 무시한 채 이미 7년간이나 그 자리를 차고 앉아 회원 대부분이 등을 돌리게 만들어, 결국 유명무실한 〈영랑기념사업회〉가 된 지 오래라는 한심스런 소식이다.

탐욕스런 회장의 독선으로 문인들 90% 이상이 외면하는 유령 단체로 변질한 지 오랬다면 그 책임은 전적으로 회장에 있고 나머지 회원들은 총회 때 불참 또는 '욕을 안 먹으려고' 그에 관련 의사 표현을 안 한 공범 같은 존재들인 것이다.

어렵게 '문인 위주'로 구성한 〈영랑기념사업회〉임에도, '자주 자율성'이 없어 '민주'회원 자격불급의 무능한 문인들이 자기네 단체를 또 망쳐놓은 것이다. 자기네 단체마저 자율적으로 운영할 능력이 없는 문인들이라면, 이제 '문인', '비문인' 따질 것이 없을 것이다.

〈영랑기념사업회〉가 여전히 회장의 과욕으로 정상화가 이뤄지질 않을 경우, 강진 경제 활성화를 위해 애향심이 강한 청장년들이 이제 유령단체나 다름없는 〈영랑기념사업회〉는 무시하고 이효석문학선양회처럼 제구실을 할 수 있는 〈영랑시문학선양회〉 같은 모임을 새로 발족시켜 '나'보다는 '강진'이라는 고향의 보다 나은 미래를 위해 희생 봉사하는 기틀을 마련한다면 애향심이 넘쳤던 동향 선배 영랑 시인의 뜻에도 맞지 않을까?

올바른 일꾼 동지들 몇 명이 팀을 이룬다면, 알차게 조성된 〈이효석문학관〉 및 그 소속 볼거리들을 잠깐 돌아볼 게 아니라, 현지에 가서 며칠이 걸리더라도 샅샅이 탐사, 연구하고 김성기 부의장 같은 선배들의 조언을 통해 그 '노하우'를 듣는다면, 강진은 김 부의장이 말했듯 평창이 부러워하는 고장으로 변할 계기가 될 가능성은 얼마든지 있을 것이다.

민주시민 각자, 내가 직접 현장에 참여하는 '자주의식' 없이는 올바른 민주 체제나 혁명은 절대로 성공하지 못한다는 진리를 이제라도 깨달을 때 비로소 강진에도 민주주의의 꽃이 피어남과 동시에 후안무치한 반민주 이기주의자들의 힘은 맥을 못 추게 될 것이다.

거기에는 강진군과 군민들이 일심동체가 되어 강진 경제 활성화에 총 매진해야 한다는 각오가 선저 조건이 되어야 한다. 지금처럼 옛 풍습대로 '민주 자주' 의식 없이 그냥 끌려 다니는 삶은 21세기에는 민주시민이 아닌 강자의 노예 자격밖에 없음을 자각할 때다. 언제까지 남의 눈치나 보며 할 말도 못하는 세상을 살 것인가?

한편, 미 국가정보위원회는 2008년 11월 20일, '미국의 패권주의가 2025년경에 무너지고 다극체제로 전환되면서 국제정세는 불안정하고 불확실해질 것'이라는 「세계 동향2025」라는 제목의 보고서를 발표했다.

서방언론의 보도와는 달리 미국의 군사력은 세계 3~4위로 추락, 뒤늦게 깨친 지구촌 남반구의 국가들이 패권국가와 그 추종 국가들을 적대시하며, 중남미, 아프리카, 중동 등 지구 남반부 지역에서 수백 년간 갑질을 해 오던 서방국가 군사기지들을 속속 몰아내고 있는 오늘이다.

반면, 러시아 함대는, 더는 미국을 두려워하지 않는 쿠바까지도 대환영하고 있다. 이는 20여 년 전 20세기 때까지는 상상도 못 한 일대 변화요, 미국의 약화가 심각한 수준임을 입증하고 있다.

2세기마다 인류와 지구의 운명이 바뀌는, 태양이 지나가는 길, 황도대Zodiac(점성학의 일부)가 이제 지난 2세기의 물고기자리Pisces(선생님시대=예수)를 지나 지금은 만사가 새롭게 개선되는 물병자리Aquarius인 21세기, 즉, 구제도와 구악이 쇠퇴-소멸-개혁의 길로 들어간 지 24년이 흐른 시점에 와 있다.

'인간이 만든 신'이 아닌 '우주의 신의 섭리'가 그렇게 유도하고 있음을 말한다.

현 3차원의 인류가 4~5차원의 인류로 진화하는 미래의 2,000년은 단극패권의 소멸과 다극패권 부상에 따른 평등, 평화, 정의, 확립, 그리고 전쟁, 침략, 독제체제, 양민학살, 폭력, 약탈, 거짓, 사기, 착취 등 불의의 소멸, 특히 도덕과 윤리를 선도해야 할 본분을 망각하고 온갖 불의 부정부패가 만연된 대부분의 종교들이 우주의 섭리에 따라 사라진다는 것이다.

이어서, 참 진리를 설파하는 새로운 종교가 탄생하면서 금세기 말경에는 이미 과거의 모든 악이 퇴출되고 '참과 선, 평화의 세계'로 바뀐다는 것이 바로 '물병자리'의 세계다. 바야흐로 지구촌은 황도대의 새로운 24,000년이 새롭게 시작되고 있는 것이다.

***
38 _ 유가족, '영랑'을 빛낸
　　　황주홍 군수에 감사장 증정

　　모란이 만개한 영랑생가 일원에서 처음으로 〈제1회 영랑문학제〉를 시작한 한 것은 바로 18년 전, 황주홍 군수였다. 그는 필자를 강진으로 초청, 〈제1회 영랑문학제〉에 참석하게 만든 장본인이기도 하다.

　　황 군수는 역대 어느 강진군수도 생각하지 못했던 〈영랑문학제〉를 비롯해 〈영랑시낭송대회〉, 〈전국영랑백일장〉, 〈영랑시화전시회〉 등을 처음으로 시작한 첫 번째 군수라는 사실 때문에 유가족들에게는 잊힐 수 없는 존재가 됐다.

그때는 이미 영랑 시가 국정교과서에 아홉 차례나 실려 중학교만 나온 일반인들까지도 영랑시인의 명성을 알고 있던 때였음에도, 다른 지역과는 달리 강진 지역 문인들은 엄두도 못 내던 때였다. 이 일을 비문인인 황 군수가 해낸 것이다.

2006년, 모란이 피는 어느 봄날 저녁, 황 군수는 영랑 유가족 대표까지 미국에서 초청, '제1회 영랑문학제'를 성대히 거행했다. 당시 기억에 남는 것은, 〈시문학파〉 동인인 '신석정 시인'의 조카 되는 신경림 박사(미 콜럼비아대, 당시 대한간호사협회장) 일행이 멀리 서울에서 내려와 자리를 뜻 깊게 만들어 준 일이다.

그뿐 아니라, 황 군수는 역대 어느 강진군수도 생각하지 못했던 '영랑 유가족, 친척들 20여명'의 명단을 작성, 우대하는 전례 없는 '유가족 우대 정책'으로 현지 언론에서도 이에 박수를 보내는 보도를 했었다.

그 후, 군수가 바뀌면서 이러한 유가족에 대한 예우 같은 것은 완전히 사라졌으나 〈영랑문학제〉, 〈전국영랑백일장〉, 〈전국영랑시낭송대회〉는 연례행사로 이어지고 있고 〈시문학파 기념관〉 주최 문화 행사도 매주 지속되고 있다.

황주홍 군수는 필자가 강진에 오자 곧 영랑, 현구 두 시인의 시들과 김영렬 화백의 작품들이 진열된 〈향토문화관〉을 맡긴 후, 그때까지 발족한 적조차 없는 〈영랑문학관〉으로 간판을 갈아 달았다.

그러나, 강진에는 시문학파 시인 김영랑·김현구 등 두 시인이 있는데 〈영랑문학관〉 간판만 있는 것이 필자에게는 마음에 들지 않았다. 그 후 필자는 황군수에게 '현구'선생 시도 많이 전시돼 있는데 문학관 이름을 아예 〈영랑·현구문학관〉으로 바꾸는 게 어떠냐고 했더니 좋은 생각이라며 이를 선뜻 받아들여 바로 간판을 새로 써 달았다. 그 후, 〈영랑·현구문학관〉이라는 새 간판에 외부 인사들의 평가는 모두 호의적이었다.

마음 한쪽에는 '김영렬 화가'의 훌륭한 작품들을 언젠가 따로 미술관을 마련해 전시해야 한다고 생각했으나 옛날 영랑 시인이 어릴 때 다니던 서당 〈금서당〉에 김 화백 유가족이 거주, 그곳에 대부분의 작품들이 진열돼 있다고 했다. 그러나, 언젠가는 강진 읍내에 강진의 자랑 김영렬 화백 전용 미술관은 반드시 정식으로 설립되어야 한다.

그것이 강진 출신 실력파 화가를 세상에 널리 알리며 동시에 강진사람들의 문화 수준을 더욱 고양시키는 방법이 될 것이다.

그 밖에도 필자가 시간이 남을 때면 강진 내 한식전문 식당들이 언어 소통이 안 돼 날로 늘어나는 외국인 관광객들이 한식 관련 재료 이름 등을 묻는데 소통이 안 된다는 소리를 여러 번 들어, 관련 단어 사전 제작에 착수했다.

드디어, 두어 달 후 음식 재료와 반찬 등 음식 이름을 컬러 사진과 함께「한영 한식명 사전」을 소책자로 만들어 '강진군청 위생팀' 명의로 각 한식전문 식당에 배포했다.

황주홍 군수는 〈영랑·현구문학관〉을 확대해 일제 때 〈시문학파〉 동인으로 활약하셨던 아홉 분 시인들의 시집, 전집, 유품 등을 수집해야 한다며 필자에게 〈시문학파기념관 설립 준비위원장〉 직을 맡겼다.

이에, 우선 필요한 1명의 직원을 공채하기 위해 공채 공고를 냈다. 오세영(서울대 명예교수) 시인과 필자 등 심사위원들은 우선 〈시문학파기념관〉 학예관으로 근무할 사람을 선발했다.

그는 필자가 〈시문학파기념관〉 설립준비위원장으로서 임무를 완수 후 미국 집으로 돌아가게 되자, 〈시문학파기념관〉 개관과 동시에 초대 관장을 맡은 김선기(영랑 시 문학박사) 전 관장이다.

김 전 관장(시인, 평론가)은 〈시문학파기념관〉 창립 후 불과 몇 해 만에 〈시문학파기념관〉을 전국 문학관 중 최고 문학관으로 만들어 언론에 보도되는 등 강진의 위상을 드높였던 인물로 현재는 전남도립대 교수로 '영랑시문학'을 가르치고 있다.

특히, 황군수는 '영랑'의 서정시인으로서의 위상뿐만 아니라, 민족시인이자 민족주의자로서의 면모를 발굴해서 제시, 제대로 된 영랑 평가를 받아야 한다며 관련 업무에 군청이 총력을 기울이도록 지도했다.

이어, 민족주의 항일시인임을 보여 주는 영랑 시들에 대한 전문가의 해설과 평가, 3·1운동 직후에 일어난 강진 4·4독립운동의 영랑의 역할과 옥고, 일제의 창씨, 신사참배, 삭발 등 명령에 끝까지 굴복하지 않았음을 입증해야 했다.

다른 영랑의 항일투쟁 근거는 강진에서도 차고 넘쳐 문제가 없었다. 다만 광주 아사히旭여고(현 전남여고) 학적부에서 대부분이 일본식 네 자의 이름이었지만 영랑의 장녀만 조선의 세 글자 이름을 유지하고 있었던 사실까지를 확인, 이를 정부 보훈처에 제시했다.

드디어, 보훈처는 영랑 선생님이 독립유공자임을 인정했으니 유가족이 2018년 8월 15일, 광복절 경축 행사장으로 나와 〈건국포장, 국내항일〉을 받으라고 연락했다.

정부의 이번 〈독립유공자〉 인정은 황주홍 군수 재임시절부터 꾸준히 정부에 요청했던 것으로 이제야 결실을 본 것이다.

이 밖에도, 황 군수는 이미 10년 전인 2008년, 유명 문인들에게 추서되는 문화훈장이 영랑 시인에게는 아직 없음을 알게 되면서 정부 당국에 이를 확인, 뒤늦게야 영랑 시인에게 문화훈장이 추서되지 않았음을 안 문화관광체육부는 즉시 문화훈장 중 최고 영예인 〈금관문화훈장〉을 추서, 2008년 10월 18일, 문화의 날을 맞아 영랑 유가족 대표에게 수여한 바 있다.

당시, 중앙청 출입 기자들은 영랑 시인에게 그간 문화훈장이 추서되지 않은 이유를 문의한 결과, "그 유명한 시인의 문화훈장은 이미 오래전에 선배 공무원들이 당연히 추서한 것으로 믿었던 게 실수"였다면서 담당 국장 등 공무원들은 기자들과 함께 실소를 금치 못했다고 한다.

결국, 역대 어느 군수도 생각하지 못했던 〈금관문화훈장〉과 〈건국포장, 국내항일〉을 영랑 시인이 추서 받은 것도 황 군수가 처음으로 열심히 노력한 결과였던 것이다.

필자는 13년 전 미국 집으로 돌아오기 직전 〈금관문화훈장〉을 머지않아 세상을 떠나야 할 유가족보다는 영랑 시인을 낳고 길러 준 고향 강진의 지방 정부 강진군청이 영구 보관하도록 황 군수에게 맡겼고 이어서 〈건국포장, 국내항일〉도 강진군에 맡기도록 해, 현재는 〈시문학파기념관〉이 〈금관문화훈장〉과 〈건국포장, 국내항일〉을 보관, 전시하고 있다.

그 후 필자는, 마지막 임무인 자료 수집 차 당시 김선기 학예관과 함께 〈시문학파〉 시인들의 유가족을 전국적으로 찾아다니며 시집, 전집, 유품들을 수집하는 임무를 완수했다.

강진 칠량면 출향민인 고 정종준 선생의 '한국문학' 장서 약 900권을 거주지 광주에서 이동했던 기억도 또렷하다. 아쉬운 점은 그 중요한 문학 서적들이 〈시문학파기념관〉의 책장에 비치, 활용되지 못하고 큰 서랍 속에 보관되어 겉에서는 눈에 띄지 않는다는 사실이다.

그 귀한 고서적들이 잠을 자고 있는 것이다. 언젠가는 중요한 고서적들이 빛을 볼 수 있는 방법을 강구해야 할 것이다.

'강진사람들은 영랑 시인을 존경하고 사랑할 뿐, 시 외에는 사생활도 어떤 에피소드도 전혀 알지 못해 강진을 찾는 관광객들에게 영랑 시인 관련 해설할 내용이 거의 없는 게 문제'라던 당시 황 군수와 팀장의 똑같은 기대에 부응, 몇 달간의 집필 끝에 필자는 『아버지 그립고야』라는 선친에 대한 회고록 출판으로 평생 외부에 알려지지 않은 '사생활'이 처음 세상에 공개됐다.

또, 〈시문학파기념관〉 창립으로 동인 시인들의 주옥같은 시와 더불어 한국문학사에 끼친 현대 한국 '순수시문학'의 원조元祖는 〈시문학파〉임을 재확인시키는 계기가 됐다.

당시, 영랑 유가족들의 황주홍 군수에의 감사한 마음은, 2006년 4월 29일, 제1회 〈영랑문학제〉 석상에서 감사장에 담아 황주홍 군수에게 증정, 그 뜻을 전했다.

　필자가 기억하는 한, 황주홍 군수의 영랑 시인 관련 이러한 엄청난 업적들은 전무후무한 일로 강진군 역사상 길이 회자될 것은 물론, 지역사회 경제 활성화에 지대한 영향을 끼칠 것이다.

　그 후, 국내 언론들은 '시인 영랑'의 사생활을 얘기할 때면 대부분이 『아버지그립고야』에서 인용한 내용들임을 고향의 여러분들도 잘 아실 것이다.

***
39 _ 필자가 3년 임기 만료 전에
   강진을 떠난 이유

　벌써 13년 전 일이다. 필자가 강진에 온 지 2년 몇 개월이 지난 어느 날, 전례 없이 군청 문화관광팀(과) 여직원이 1주일 터울로 내 방(영랑·현구문학관 겸 시문학파기념관 설립준비위)에 두 번이나 연거푸 찾아와, 박 팀장님의 심부름을 왔다면서 "이제 김 관장님이 하시는 공적인 일, 일거수일투족을 팀장님께 보고하라고 하십니다"라고 어이없는 소리를 했다.

　필자는 그때, 황주홍 군수가 내게 했던 처음 약속을 그대로 전하라며 다음 내용을 이 여직원에게 알려줬다.

　"1) 강진은 영랑 선생 유가족이 필요하다. 2) 영랑 선생 유가족 대표가 가능한 한 오래 강진에 머물러 주면 좋겠다. 3) 강진에서의 생활비에 보탬이 되도록 군수 권한으로 할 수 있는 최상 급수로, 형식상 문화관광팀 직원으로 발령하나, 실제로는 군수만이 임면권을 행사한다. 4) 유가족의 강진 체재 중 영랑기념사업 관련 모든 공적 일은 군수 자신과만 소통, 해결한다."

그 후, 여직원한테 두 차례에 걸친 지시(?)에도 필자의 반응이 없자 말발이 안 섬을 안 박모 팀장은, 본인이 직접 필자를 만나 해결해야겠다고 생각했던지 직접 필자를 찾아왔다.

그가 하는 말은 여직원의 말과 똑같았다. 그때 필자는 20여 년 연하의 고향 후배인 박 팀장에게, "여직원 통해 내 말을 들었을 텐데? 자네는 내가 자네의 경쟁상대라고 생각하는가?"라고 조용히 물었다.

이 사람은, 필자의 이 첫 마디에 흠칫하더니 그 말에 대답을 못하고 고개를 푹 숙였다.
속은 이렇게 여린 마음의 순진한 공무원이었으나 필자가 현직 부임 2년여가 지나서야 뜬금없이 자기에게도 업무보고를 하라는 것은 군수의 뜻과는 전혀 다른 '객기' 같은 것이었다.

황 군수의 영랑 관련 문화관광 역점 사업을 위해 영랑 유가족으로서 최선두에서 심혈을 기울이고 있는 필자에 대한 속 좁은 시비 태도가 한심하고 실망스러웠다.

한편으로는 필자의 미국 생활수준을 전혀 모르고 '생활형편이 너무 어려워서 영랑 유족이라는 명분으로 강진에 영주하려고 온 것'으로 착각할 수도 있겠다 싶었다.

필자는 "만사를 군수인 제 자신하고만 공적 일을 상의, 해결"하자던 군수와의 약속이 생각나기는 했으나 강진을 위해 필자가 온 목적이 지난 2년여의 혼신의 노력으로 다 이뤄져 가는 마당에 군수에게 이 사실을 알린다면, 이 순진한 팀장 등에 떨어질 황 군수의 분노와 불호령을 짐작하기 어렵지 않았기에 필자는 내 자신만 입을 다물면 된다고 생각했다.

물론, 이 문제를 황 군수에게 알리지 않고 내 나름 팀장의 '앞날'만 염려했던 행동은 결과적으로 황 군수와의 '약속'을 어긴 일이 되고 말았지만, '항상 약자 편에 서야 한다'는 기자 출신인 필자의 사고방식 때문이었음을 이해해 주기 바란다.

안 그래도 필자는 미국 집을 떠나기 전, 강진 생활 3년이면 충분하니 그때 다시 돌아온다고 미국의 자식들에게 약속한 터라, 선친의 기념 선양과 관련한 관광 기반 작업으로 강진을 더 이상 도와줄 내용이 없어지면 바로 미국으로 돌아가자는 게 평소의 생각이었다.

이제 이 정도면 영랑 유가족 대표가 고향 강진을 위해 해줄 수 있는 최대의 희생 봉사라 믿었던 것이다. 그런데, 팀장의 일방적 '보고 요구' 건을 비밀에 부친 채 3년 계약을 안 채우고 미국 집으로 돌아가려면 노화에 따른 신병밖에는 알맞은 핑곗거리가 없을 테고, 거기에는 의사의 진단서가 필요했으니 1년 내내 감기 한 번 안 걸리는 필자의 건강 상태로는 그도 쉽지 않은 일이었다.

문화관광팀장이 다녀간 지 바로 이틀 후, 필자는 소변에 혈흔이 비침을 발견, 바로 전문의를 찾았다. 전문의는 이것저것 검진을 한 후 '노인성 혈뇨'로 노인들에게 흔히 있는 과로의 결과라며 조금 쉬면 대부분이 약도 필요 없이 출혈이 멎고, 드문 경우지만 출혈이 계속되면 그때는 정밀 검사를 받아야 한다고 했다.

뜬금없이 사표용 진단서를 만들 이유가 생긴 필자는 속으로는 '쾌재'를 불렀으나 황주홍 군수에게는 '혈뇨'라는 사실만을 공개, 바로 미국으로 돌아가 치료를 받아야 한다고 호들갑을 떨었고 황 군수는 걱정하는 표정으르 필자의 말을 수긍할 수밖에 없었다.

이미 병원에 다녀왔다고 하면, 황 군수는 왜 국내에서 치료하지 않느냐고 물었을 것이다. 처음 본 전문의의 말대로 다행히 혈뇨는 그때 한 번뿐, 13년이 지난 오늘까지도 더 이상 나타나지 않아 다시 의사를 만날 필요는 없었다.

3일 후 미국에 돌아온 필자는 가정 담당 의사에게 사표용 진단서가 필요하다고 했더니 한국에서 검진한 의사에게 연락, 당시의 검진 결과를 자기 앞으로 브내달라고 했다. 이렇게 해서 2년 반의 강진 생활을 마감할 수 있었다.

① 〈망우문화역사공원〉 묘지로 재이장.
좌로부터 조각가 최진호, 막내딸 김애란,
망우리공원과장 김현희, 시인 정종배.

② 베토벤 묘지 조각예술사진.

***
40 _ 영랑 시인 부부유택
'애국선열묘역'인
〈망우역사문화공원〉으로 재이장

    시인 김영랑 유족은 지난 34년간 경기도 용인시 〈천주교 용인추모공원〉 묘원에 모셨던 부모님의 유택을 2024년 8월 19일, 유가족 주거지와 가장 가까운 서울 중랑구 〈망우역사문화공원〉 묘지로 재이장을 완료했다.

    1933년 개장하여 90여 년의 역사를 지닌, 나무 한 그루 없어 허허 벌거벗은 산과 무덤만 보이던 〈망우리 공동묘지〉에는 그간 무덤 4만 8천여 기가 현재 6천4백여 기로 정리, 울창한 수목 속에 신선하고 평화로운 쉼터로 탈바꿈해 아침저녁으로 걷기운동을 하는 시민들로 붐비고 있는 힐링공원으로 태어난 것이다.

그중에는, 우리 민족의 대표적인 독립운동가 유관순, 만해 한용운, 민족의 어른 위창 오세창, 죽산 조봉암, 아동 문학가 소파 방정환, 종두법 지석영, 소설가 서해 최학송, 화가 이인성, 이중섭, 조각가 권진규, 시인 박인환 등 유명 인사 150여 분이 포함돼 있다.

따라서, 보훈부는 재작년, 〈망우문화역사공원〉 묘원을 국립현충원에 준하는 예우 차원에서 합동묘역 〈애국선열묘역〉으로 지정한 바 있다.

애당초, 6·25 전쟁 당시 선친 영랑은 포탄 파편에 중상, 운명하자 유족은 전쟁 중이라 정상적인 장례 절차를 치를 수 없어 신당동 자택 가까운 한남동 남산 기슭에 임시로 가매장, 1954년 11월 14일, 남하했던 문인들이 상경하자 〈장충공원〉 광장에서 정식으로 '문인장'을 치른 후 당시 〈망우리 공동묘지〉로 이장했다.

유족은 안귀련 모친마저 1989년에 타계하자 〈천주교 용인추모공원〉 묘원에 모셨으며 이어, 아버지 영랑의 묘는 1990년 3월 모친 묘 옆으로 이장했다.

그러다 몇 해 전, 폭우와 홍수로 다른 공원묘지 여러 묘가 유실된 사실에 놀란 유족들은 이장을 결심했다.

그동안, 영랑 시인의 항일투쟁 경력 및 항일 저항시 등을 들어, 친척 및 주변 분들은 유가족에게 이장 후보지로 국립현충원을 끈질기게 권했지만 유가족들은 선뜻 마음에 오지 않았다.

그 이유는, 만주와 연해주 벌판에서 수많은 우리 독립군을 적대해서 잔인무도하게 토벌한 일본군 장교 출신 극악친일파들 수십 명이 친일파 독재정권의 비호 아래 매장돼 있는데다 현충원 당국이, 관례에 따라 단 하나의 '시비'도 불허했기 때문에 항일 투사인 민족시인의 유택으로는 부적합했기 때문이다.

그 후, 지난 2017년 강진군(군수 강진원)은 유가족과의 약속을 지키지 않아 이장을 못했음에도 또다시 2023년 초, 영랑선생 묘를 생가 가까이 모시겠다며 이메일로 연락해 왔다.

유가족 측은, 강진군청이 이제야 유가족이 요구한 약속을 이행할 생각인 것으로 믿어 6년 전과 똑같이 영랑 선생 생존 시 좋아하셨던 아름답고 우아한 베토벤의 묘비 소재지 현지에 조각가를 보내 그 묘비를 관찰, 사진화 해서 그 80% 정도만 외관을 비슷하게 조각해 '강진의 명물'로 만들자고 이메일로 또다시 제안, 강진군청은 이를 모두 수용했다.

이 묘비는 비엔나 교외 오스트리아 국립공원에 있는 훌륭한 조각예술작품으로 음악에 큰 관심이 없는 사람들도 이 조각상의 아름다움 때문에 많이 찾고 있다고 한다.

그러나 그 후 한동안 관련 진행 사항 내용이 전무, 필자는 재차 이메일로 '자신의 명예를 걸고 올바른 조각예술품을 제작할 국내 1류 조각가와 통역사를 선발, 조각상 현지에 파견해서 성실하게 제작해야 한다'고 강조했고 역시 강진군청은 이에 화답했다.

6년 전 강진 생가 인근으로의 이장이 실패한 것은 애당초 유가족이 요구했던 조각예술품대신 강진군청은 초라한 '3각뿔' 흰 대리석을 묘비라며 유가족에게 내보여 유가족을 크게 실망시켰기 때문이다.

그러나, 강 군수는 6년 전과 마찬가지로 조각예술품 제작 관련 업무는 한 발짝도 진행하지 않았다. 이번에도 또 속을 것 같은 생각에 유가족 대표인 필자 일행은 지난해 4월, 〈시문학파기념관〉 회의실에서 이장 관련 군청담당 과장들과 만나 장장 2시간 반이 넘도록, "이장을 위해서는 가장 시간이 걸리는 일이 바로 묘비 조각상 제작이다", "앞으로 이장을 위해 진행되는 모든 과정을 유가족에게 공유해 줄 것을 요청한다"라고 강조했다.

참석자들은 이에 '군수님께 모두 그대로 보고드리겠다'고 답변했으나, 그 후 몇 달이 지나도 1류 조각가 선발 공고 등 진전사항은 전혀 없었다. 두 번이나 강진군청을 믿었던 유가족의 실수로 부모님 유택 이장은 너무 오랜 시간 지연되고 만 것이다.

다음은 강진군수가 이 밖에도 그동안 영랑시인 유가족 대표를 백안시한 내용들이다.

첫 번째, 군수 자신의 이매일 주소를 6년 전부터 철저히 비공개, 유가족 대표가 부하직원으로 보였던지 직접 대화를 한사코 피하고 담당 및 관계자들을 통해서만 대화를 시도했다.

이는 묘 이장의 경우, 절대로 필요한 유가족과의 진지한 협의를 무시한 행위로 '공감능력' 부족의 인상을 강하게 풍겼다. 그런 강진군수라면 영랑 선생 유택을 강진으로 모시겠다는 발상 자체가 '주제 넘는'게 아닐까?

일면식도 없는 필자를 기피하는 또 다른 이유로 추정되는 것은, 아부성이 강한 측근 인사의 '갈라치기' 작전이다. 그러나, 강진군수가 바랐던 영랑 묘 이장은 그로 인해 두 차례나 '실패'라는 고배를 마시는 수밖에 없었다.

아무리 가까이 아첨해 오는 상대라도 그의 충고(?)가 미래 강진에 어떤 이득과 피해가 따르리라는 점까지 꿰뚫어 볼 능력을 갖춰야만 지도자의 공적 실수는 예방이 가능한 것이다.

두 번째, 유가족 측이 풍수지리 전문가를 초청, 김선기 전 시문학파기념관장, 문화관광 담당 군 직원들 등의 입회하에 마련한 세계모란공원 내의 유택 후보지마저 '유가족 몰래 볕이 안 드는 대밭 속'으로 옮겨버렸다. 이장 상대인 묘주는 눈에 안 보였던 것이다.

세 번째, 생가 방문객의 10분의 1도 안 되는 세계모란공원 방문객 수에 놀라 유가족은 묏자리를 방문객이 훨씬 많은 '생가 내 옛 정구 코트 북서쪽' 구석으로 옮기자고 요구했으나 강진군청 측은 '인가에서 너무 가까워 불법'이라며 거부하면서 "군수님은 자신이 만든 모란공원에 모시기를 바랍니다"라고 했다.

이를 충분히 이해한 셋째는 군 측에 생가 내로 묏자리를 옮길 경우 '생가 내 묘비 뒤쪽'에 현 군수의 성명과 직함을 새겨 영원히 그 이름이 남도록 하라고 양보했음에도 그 말에는 무관심했다.

필자는 국가지정문화재의 경우, 일반 주택과는 달리 그 지역 형편을 아는 지자체장의 '재량'에 달려 있다는 융통성이 있는 장묘법 내용을 읽었지만 강진군청의 "민가와 너무 가까워 불법"이라는 거부 이유에도 대응하지 않았다.

이미 필자는 한 번 당한 경험 때문에 또 속고 있음을 느꼈고 결정적 기회가 오면 또다시 강진군청과의 약속을 파기해버리면 그만이었기 때문이었다.

어쩌다 내 고향 강진군청이 이토록 영랑 시인 유가족까지 두 차례나 속이는 '신뢰 제로'의 '장사꾼'들이나 하는 '밀당' 전문기관으로 타락했을까! 한심했다.

〈영랑〉이라는 공적자산의 무게를 제대로 평가할 능력이 부족한 지도자의 자질 문제로 앞으로 군민들의 원성을 피할 길이 없어졌으니 안타까웠다.

그럼에도 필자가 그때까지 전례 없이 인내심을 발휘해 온 것은, '내 고향'이라 그간 나름 신경을 써가며 지자체에 대한 예우, 그리고 존중의 자세를 지켜줘야 한다는 생각 때문이었다.

헌데, 지금 생각하면 그런 예의바른 자세는 오히려 현 군수를 더욱 오만방자하게 만든 것 같아 자괴감이 들면서 예의도 지켜줄 상대가 따로 있음을 깨닫게 해줬다.

지자체장이나 옛 관선 군수 때도 유가족 대표로서 이런 대우를 받아 본 적이 없는 필자는 현 군수 재직 중에는 강진군청과의 대화는 시간과 정력 낭비라는 생각이 들었다.

'꼼수', '밀당' 전문가로 보이는 군수와 상대하는 게 무서워진 것이다. 필자가 강진 관선 군수 당시, 강진 유지 두 분과 함께 저녁식사를 나눌 때 필자의 오랜 해외생활로 혹시 강진에 도움이 될 내용을 들을 수 있을까 해서였던지, '영랑생가 방문객들을 상대로 어떤 기념품 판매가 좋겠냐?'며 필자의 의견을 타진했다.

필자는 플로리다 주 마이애미 교외 키웨스트 소재 '노벨문학상 수상자 헤밍웨이 기념관' 등 세계 각국의 박물관, 기념관 등의 예를 들며 이곳에서 취급하는 상품들과 전시 방법 등을 상세히 설명했었다.

그때 이분은 얼른 만년필과 수첩을 꺼내더니 15분 이상 낱낱이 그 내용을 빠트릴세라 적고 있던 성실한 자세가 30여 년 전의 일임에도 머릿속에 생생히 살아 있음은, 필자에 비친 그분의 공직자로서 책임감과 직무수행에서의 성실한 자세 등이 남달랐기 때문이다.

그러나, 오래지 않아 이분은 다른 곳으로 전근, 강진에서 그 계획을 실천할 기회를 잃었음은 강진을 위해 불행한 일이다.

그분에게서는 오만함도 경박함도 전혀 찾아볼 수 없었다. 예상대로 그 후, 그분은 관운 대통으로 승승장구, 멀리서 바라보는 필자의 눈에도 계속 빛나는 존재로 남아 있다.

현 강진군수의 자세를 보며 갑자기 그분의 모습이 떠오르는 것은 너무 대조적이기 때문이다.

필자는 드디어, 2023년 8월 16일, 평소처럼 강진군수 앞 명의로 이메일을 담당과장 등 관련 공무원 세 분에게 동시에 발송, 6년 전과 마찬가지로 '강진군청과의 이장 약속을 재철회 한다'고 최종 통지했다.

그럼에도 강진군청측은 필자가 '이장문제'를 없던 일로 이미 정리한 후에도 한동안 계속 소통을 시도했고 필자는 그때마다 건성으로 대하는 수밖에 없었다.

상세한 관련 정보가 강진으로 누설돼 군수가 무슨 방해공작을 할까 신경이 쓰였기 때문이다. 그 정도로 군수는 필자의 불신 대상이 된 것이다.

그 후, 유가족이 이장지로 국립현충원을 찾는다는 소식을 들은 강진군청은 당황한 탓인지, 필자에게 급히 연락, 유가족 대표에게 선심이라도 쓰듯 '유가족이 원하는 대로 다 해주라'는 군수의 지시를 받았다고 알려왔다.

그러나 필자는, 이미 서울시 중랑구 소재, 보훈부에서 '애국선열묘역'으로 지정한 〈망우역사문화공원〉에 2024년 8월까지 이장을 완료하도록 최종 결정을 한 뒤였으니 다른 방도가 없었다. '유가족이 원하는 대로 다 해주라'는 군수의 지시 내용은 '생가 내 이장이 불법'이라 했던 변명 내용이 거짓말이었음을 자백하는 꼴이 되는 것이고, 아니면 이제 군수가 불법을 저지르겠다는 것, 둘 중 하나가 아닌가?

당시, 필자는 다른 곳으로의 이장 결정이 아직 없었더라도 두 차례나 영랑 유가족에게 두 번이나 큰 실망감을 준 군수와는 다시는 얽히고 싶지 않았다.

지도자란 친근감과 소박함, 너그러운 성품으로, 공동목표를 향해 폭넓은 사고로 다양하게 의견을 수용할 포용력을 발휘해야 한다. 그 자리에 '밀당'과 '실망감'이 끼어들 자리가 없는 대신 '신뢰'가 자리함은 상식인 것이다.

영랑 시인이 또, 그의 시 대부분이, 그리고 유가족들이 모두가 태어난 강진 생가다. 지금도 생가와 그 주변을 연상하노라면 생가 구석구석이 필자가 어릴 때 노닐던 기억, 아버지가 모란꽃을 황홀한 눈빛으로 바라보던 모습 등이 주마등처럼 연거푸 연상된다. 유가족들이 고향 강진을 결코 잊지 못하는 이유다.

이토록 선친의 기억이 또렷이 살아있는 필자가 앞으로도 미국 플로리다 마이애미 해변에서 멀고 먼 고향 강진을 잊지 못해 가끔 찾는 것은 너무 자연스러운 일이다. 나를 반기는 고향의 몇몇 분들을 보고 싶어서 말이다.

한편, 8월 19일 재이장한 〈망우역사문화공원〉 묘지의 부모님 유택 묘비와 시비를 설명하면 다음과 같다.

중심에 시「북」마지막 두 행인 '인생이 가을같이 익어 가오 / 자네 소리하게 내 북을 치지'를 새기고, 시인이 즐긴 판소리 고수의 '북' 조각상의 중심에 '영랑 김윤식 안귀련 묘비'라고 새긴 묘비가 우뚝 섰다.

오른쪽 시비 앞면에는 문인들의 항일 시 중 가장 강하다는 「독을 차고」의 마지막 두 행인 "나는 독을 차고 선선히 가리라 / 막음 날 내 외로운 혼 건지기 위하여"를, 그 시비 측면에는 '오-매 단풍 들겄네' 시구를 세로로 새겼다.

또, 뒷면에는 보훈부의 공훈록에 따라 영랑 시인의 항일투쟁 약사를 새겼다.

오른쪽 시비에는 대표작으로 알려진 시 「모란이 피기까지는」의 마지막 두 행인 '모란이 피기까지는 / 나는 아직 기다리고 있을테요 찬란한 슬픔의 봄을'을, 그 측면에는 '돌담에 소색이는 햇발같이' 시구를 세로로 새겼다.

또, 뒷면에는 영랑 시인의 사회와 문단 활동을 요약해 새겼다.

이 밖에도 묘역에는 〈망우역사문화공원〉 관리 당국인 중랑구청이 만든 영랑 시인의 항일투쟁과 시인으로서 활동을 기록한 안내판이 섰고, 묘지 앞 데크 울타리에는 김영랑 시인의 홍보판이 섰다.

위 빗돌에 새긴 다섯 편의 '시'구절은 유미주의파 서정시인 영랑이 조국 광복 5년 전부터 절필까지 하는 끈질긴 항일 투쟁 속에서도 평생 음악 속에 살다 갔음을 말한다.

또, 묘비와 시비 둘, 이 세 개의 빗돌은 하늘·땅·사람을 아울러 이르는 말 '천지인삼재天地人三才'의 상징으로, 천지인이 하나가 되어 조화롭게 살아가는 것이 가장 이상적인 자연의 질서를 의미한다.

그리고, 둥근 북과 네모의 받침의 묘비의 형상은 천원지방天圓地方으로 하늘과 땅의 형상에 대한 동아시아 전통 우주론의 기본 세계관과 우주론을 나타낸다.

끝으로, 유가족이 서울 시내 〈망우역사문화공원〉으로 재이장을 최종 결정하게 된 경위는 다음과 같다.

〈망우역사문화공원〉 관리 당국인 서울특별시 중랑구청(구청장 류경기) 측이 작년 11월 유가족에게 '심리적, 물질적 부담'을 지우지 않는 조건으로 영랑 유택 재이장을 요청한다는 정중한 연락을 받고 유가족 측은 현장 답사 후 2024년 8월 말까지 이장을 완료하기로 합의, 최종 결정을 했다.

이토록 빨리 이장을 서둔 이유는, 필자가 어언 9순이 되면서 3년 연하인 아내마저 약속이나 한 듯 건강이 전 같지 않아졌기 때문이다. 노인의 내일은 기약할 수 없는 법, 언제고 한쪽에 변고가 오면 부모님의 이장에 신경을 쓸 새가 없을 것이 두려웠다.

게다가, 한반도 정세마저 과도한 친일, 종미 정부의 대북 적대 정책으로 내일 전쟁이 터진다 해도 이상할 게 없을 만큼 악화일로에 있지 않은가.

그런데, 원래 서울특별시의 조례는 〈망우리 공동묘지〉에는 어떤 분도 새로 묘지를 쓸 수 없고 재이장도 불가능하다고 되어 있었다.

'옛 묏자리의 지덕이 너무 사납다'는 유가족의 이장 거부 자세를 본 서울특별시 측은 조례개정 때까지 조금만 기다려 줄 것과 무슨 방법으로든 영랑 선생 묘는 반드시 〈망우역사문화공원〉으로 복원시켜야 한다는 게 고 박원순 시장 때부터 이어 온 서울특별시의 방침이라고 했다.

드디어, 서울특별시는 이 조례를 예상보다 이른 2024년 1월에 개정, 100% 유가족의 요구대로 새 묏자리를 선택할 수 있도록 하는 열린 자세를 보여줬다. 유가족 측은 서울특별시의 영랑 시인 부부의 유택 이장을 위해서는 어떤 대가도 치를 수 있다는 자세에 감동을 받았다.

이에 유가족 일동은 '서울특별시'와 '중랑구청장', 그리고 구청 '망우리공원'과 '구의회' 의원 여러분께 심심한 사의를 표하는 바이다.

〈망우역사문화공원〉은 현재 유가족들이 거주하는 서울 시내라 전철과 버스 등 대중교통으로 약 1시간 거리다.

그 후, 들리는 기쁜 소식은 중랑구청 측이 강진군, 〈시문학파기념관〉에 연락, 영랑 유택 앞에 심을 모란꽃 나무 몇 그루를 보내달라고 요청했다고 한다. 유가족 측은 유택이 어느 곳에 결정이 되건 그 앞에 생가 모란 몇 그루를 옮겨 심어야겠다고 생각해 왔기에 그 기쁨은 배가했다.

이 점, 강진군과 〈시문학파기념관〉에 깊은 감사를 표한다. 지금은 어렵더라도 영랑 부부 유택을 인연으로 언젠가는 강진군과 중랑구청 간 자매결연이 이뤄져 상호 교류하는 관계로 발전했으면 하는 유가족의 바람이다.

그뿐 아니라 서울 시내에도 '영랑시문학선양회'나 '영랑추모회' 같은 모임이 발족한다면 '영랑 시' 애호가들을 위해서도 바람직한 일일 것이다.

38만의 인구를 관할하는 중랑구청 측의 설명에 따르면, '높은 인지도를 지닌 대한민국 공적 자산이라 할 영랑 시인 묘 재이장은 과거 나무 한 그루 없이 허허 민둥산에 묘지만 보이던 〈망우리 공동묘지〉에서 다른 곳으로 이장한 도산 안창호, 시인 김동명, 동요 〈우리나라꽃〉의 작곡가 함이영, 〈아리랑〉의 영화감독 나운규, 〈우리의 소원〉 작사가이자 삽화가인 안석영 등 유명 인사들의 묘를 이제 수목이 울창하여 아름다운 공원으로 재탄생한 〈망우역사문화공원〉으로의 복귀를 다시 기대할 수 있다'는 것이다.

특히, 날로 증가 일로에 있는 공원 관광객 수 급증에도 상승효과를 낼 수 있다는 기대가 크다. 이미 향토문화 관광안내 해설사 30여 명이 관광객들을 위해 주로 유명 인사 묘지 몇십 기를 안내·해설하고 있다.

김영랑 시인 묘 재이장으로 유가족들은 대한민국 근현대사 박물관으로서의 아우라와 함께 〈망우역사문화공원〉 방문객 수 증가의 상승효과를 거둘 수 있기를 진심으로 기원한다.

아울러, 이번 재이장에 가장 애를 많이 쓰시며 시비와 묘비의 글을 써 다듬어 주신 정종배 시인, 글씨를 써주신 이근배 시인, 김준태 시인, 여태명 서예가, 묘비 및 시비를 제작해 주신 최진호, 곽휘곤 조각가에게 각각 깊은 감사의 뜻을 전한다.

저자 김현철

1935년 김영랑 시인의 셋째 아들로 태어나,
서울 문화방송(MBC) 기자,
미주 동포신문 〈한겨레저널〉 초대 발행인 겸 편집인
및 〈영랑・현구문학관〉 관장과
〈한국시문학파기념관〉 건립추진위원장 등을 역임했다.